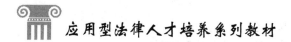
应用型法律人才培养系列教材

U0457700

BIJIAO XINGZHENG FA

比较行政法

刘建军 著

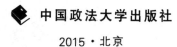

中国政法大学出版社

2015·北京

图书在版编目（C I P）数据

比较行政法/刘建军著. —北京：中国政法大学出版社, 2015.9

ISBN 978-7-5620-6292-9

Ⅰ.①比…　Ⅱ.①刘…　Ⅲ.①行政法学—比较法学　Ⅳ.①D912.101

中国版本图书馆CIP数据核字(2015)第213355号

出 版 者	中国政法大学出版社	
地 址	北京市海淀区西土城路 25 号	
邮 箱	fadapress@163.com	
网 址	http://www.cuplpress.com（网络实名：中国政法大学出版社）	
电 话	010-58908435(第一编辑部)　58908334(邮购部)	
承 印	固安华明印业有限公司	
开 本	720mm×960mm　1/16	
印 张	14.5	
字 数	268 千字	
版 次	2015 年 9 月第 1 版	
印 次	2015 年 9 月第 1 次印刷	
印 数	1~3000 册	
定 价	45.00 元	

序

党的十八大以来，以习近平同志为总书记的党中央从坚持和发展中国特色社会主义全局出发，提出了全面建成小康社会、全面深化改革、全面依法治国、全面从严治党的"四个全面"战略布局。全面依法治国是实现战略目标的基本方式、可靠保障。法治体系和法治国家建设，同样必须要有法治人才作保障。毫无疑问，这一目标的实现对于法治人才的培养提出了更高的要求。长期以来，中国高等法学教育存在着"培养模式相对单一"、"学生实践能力不强"、"应用型、复合型法律职业人才培养不足"等诸问题，法学教育与法律职业化的衔接存在裂隙。如何培养符合社会需求的法学专业毕业生，如何实现法治人才培养与现实需求的充分对接，已经成为高等院校法律专业面临的重要课题。

法学教育是法律职业化的基础教育平台，只有树立起应用型法学教育理念才能培养出应用型卓越法律人才。应用型法学教育应是"厚基础、宽口径的通识教育"和"与社会需求对接的高层次的法律职业教育"的统一，也是未来法学教育发展的主要方向。具体而言，要坚持育人为本、德育为先、能力为重、全面发展的人才培养理念，形成培养目标、培养模式和培养过程三位一体的应用型法律人才培养思路。应用型法律人才培养的基本目标应当是具备扎实的法学理论功底、丰厚的人文知识底蕴、独特的法律专业思维和法治精神、严密的逻辑分析能力和语言表达能力、崇高的法律职业伦理精神品质。

实现应用型法律人才培养，必须针对法律人才培养的理念、模式、过程、课程、教材、教法等方面进行全方位的改革。其中教材改革是诸多改革要素中的一个重要方面。高水平的适应应用型法律人才培养需求的法学教材，特别是"理论与实际紧密结合，科学性、权威性强的案例教材"，是法学教师与法科学生的知识纽带，是法学专业知识和法律技能的载体，是培养合格的应用型法律人才的重要支撑。

本系列应用型法律人才培养教材以法治人才培养机制创新为愿景，以合格应用型法律人才培养为基本目标，以传授和掌握法律职业伦理、法律专业知识、法律实务技能和运用法律解决实际问题能力为基本要求。在教材选题上，以应用型法律人才培养课程体系为依托，关注了法律职业的社会需求；在教材主（参）编人员结构上，体现了高等法律院校与法律实务部门的合作；在教材内容编排上，设置了章节重难点介绍、基本案例、基本法律文件、基础法律知识、分析评论性思考题、拓展案例、拓展性阅读文献等。

希冀本系列应用型法律人才培养教材的出版，能对培养、造就熟悉和坚持中国特色社会主义法治体系的法治人才及后备力量起到绵薄推动作用。

是为序。

李玉福

2015 年 9 月 3 日

前　言

　　《比较行政法》教材是山东政法学院法学专业选修课程《比较行政法》的配套教材。《比较行政法》课程是山东政法学院课程资源建设体系中的"引进课程";著者作为课程负责人承担了该课程的建设和讲授工作。

　　诚如我国比较行政法大家王名扬先生所识,比较行政法知识体系传授应该符合中国人的法律思维。我国行政法学界通常认为,行政法学理论体系应该包括绪论、行政主体(行政组织)、行政行为(行政活动)、行政救济四大部分内容。《比较行政法》教材正是遵循了这种观念和知识体系:第一编"基础理论",第一章介绍比较法、行政法及比较行政法特点、功能;第二章分析了比较行政法基本概念如行政、行政法、行政法学等;第三章则结合理论与实践比较分析了行政法基本原则。第二编"行政主体",第四章介绍了不同法域的行政权行使基础的立宪体制状况;第五章则分析梳理了比较行政组织体系。第三编"行政行为",分别用两章篇幅介绍分析了比较行政程序立法(第六章)和比较行政信息公开法(第七章)。第四编"行政救济"则从行政救济框架中介绍分析了行政复议法(第八章)和行政赔偿法(第九章)。

　　《比较行政法》的视域是以我国行政法为基础,比较分析以德国、法国为代表的欧洲大陆行政法和以英国、美国为代表的普通法系行政法,以及作为混合法系代表的韩国、日本和我国台湾地区的行政法;教材内容侧重于比较行政法制度(法律文件)与比较行政法实践(司法案例)。

　　关于《比较行政法》教材使用的建议:一是"读法",即阅读附录的法律文件和其他相关法律文件;二是"读案例",即阅读教材中所列举的基础案例和扩展案例;三是"读理论",即包括教材中阅读文献中所列的比较行政法的专著或论文等。

　　囿于著者语言能力欠缺、学识浅薄,教材内容定有待完善和改进之处,祈请读者指正并提出宝贵意见和建议。

刘建军

2015 年春于济南解东六三

目录CONTENTS

第一编　基础理论

第二编　行政主体

第三编　行政行为

第一编
基础理论

第一章　比较法与比较行政法

本章导读

　　比较行政法是比较法和行政法的交叉研究领域。比较法是以不同法域法律制度或理论为研究对象的法学学科或研究方法。在功能主义视角下，比较法具有理论和应用两类功能。行政法是有关行政的国内公法。比较行政法是以比较方法研究不同法域行政法理论和制度的研究学科和方法，功能上主要是完善和解决本国行政法理论或行政法制度所存在的问题。

　　本章重点是比较行政法的定义和功能；难点是比较法定义和功能认识。

必读文献

　　沈宗灵：《比较法研究》，北京大学出版社 1998 年版，第一编"绪论（比较法的概念、方法论、作用等）"，第 1~71 页。

第一节　比较法的概念、功能与方法

一、比较法的界定

　　"比较法"的概念可以在中文语境下简单解析为"法律的比较"；其他法域词语表述常见的如英语中的 Comparative law，法语中的 droit compare，德语中的 rechtsvergleichung，等等。

　　（一）"比较法"的定义

　　"比较"在中文中通常理解为"就两种或两种以上同种类的事物辨别异同或高下"（《现代汉语词典》，65），进而，中文语境下"比较法"就可以理解为对不同法域的法律（制度、理论或实践）的比较。该理解契合了我国国内比较行政法学权威沈宗灵教授的看法，即比较法就是对不同国家（或特定地区）的法律制度的比较研究（沈宗灵，3）。这种理解可以反映在其他法域比较行政法学界权威学者们的作品中，如德国茨威格特教授认为比较法是一种以法律为对象、以比较为内容的特殊思维活动（茨威格特，3）；日本大木雅夫教授较为抽象地表述了类似认识，即比较法在一般意义上就是"在各种法律秩序的精神与样式的联系上，揭示各法律秩序的形态学上的特征及它们相互间在类型上的亲缘性"（大木雅夫，67）。

（二）"比较法"的性质

"比较法"是一门法学"学科"、一类"部门法"抑或一种法学研究"方法"？日本大木雅夫教授主张比较法是一种法学部门或方法，在特别意义上"比较法主要研究各种法律秩序中可以比较的各种法律制度和解决问题的方法，以认识和完善法制为课题"（大木雅夫，67）。国内沈宗灵教授对此的看法更明确和直接：比较法是法学的一个学科，而不是一个国家的法律部门；因而"比较法学"是比"比较法"更为适当的名称。比较法或比较法学的主要特征是通过比较的方法来研究法律，并进而指出：现代意义上的比较法不仅是法学研究的一种方法，而且是法学的一门独立学科（沈宗灵，5，8）。总结起来，在比较法学者看来，"比较法"是作为一门法学学科和一种法学研究方法而存在的。

二、比较法的功能

"比较法的功能"是指比较法作为一门法学学科或法学研究方法存在的功用。翻阅比较法学作品可见其他类似表述，如"比较法的目标"、"比较法的目的"、"比较法的作用"等。

德国茨威格特教授把比较法的功能区分为两大类，即理论功能和应用功能，前者又区分为两个具体方面，一是"描述和解说若干法律秩序的同异"，二是"为法律政策的各项事宜提供指导意见"；后者是指通过比较法可以为特定法域下的具体法律问题提供最适当的解决办法（茨威格特，17）。

无独有偶，日本大木雅夫教授也将"比较法的目的和功能"分解为"理论目的"和"实践目的"，其中，"理论目的"包含三个方面，即通过比较法可以深化对法的认识与扩大法学视野、确认法的发展趋势、认识各种法律秩序的共同基础与确定理想类型；"实践目的"包括通过比较法可以为特定法域立法提供资料、辅助法律解释如普遍性解释的方法、其他实践性功能，特别是法的统一功能等（大木雅夫，67~80）。

三、比较法的方法

前文已述及，"比较法"可以理解为对不同法域的法律（制度、理论或实践）的比较，因而"比较"自然成为比较法的核心。问题是对于不同法域、不同政治社会文化背景下的法律有无比较的可能性、如何进行比较。

关于比较法的比较的可能性，比较法学者们的回答是肯定的，即对不同法域的不同法律可以进行宏观、微观上的比较，也可以进行结构、功能上的比较（茨威格特，9）。

关于如何进行比较法中的比较，功能主义的比较法学者推崇通过抽取出不同法域功能上相同的法律制度进行比较，强调比较法中的比较应该通过问题思考而不是体系思考来进行（大木雅夫，86～88）。正是在这种功能主义比较法理论认识的指引下，德国茨威格特教授说："经验表明，比较法最好是这样进行：作者首先在各国报告中说明外国法的主要资料，然后用这些资料作为研究的真正核心继续进行深入的比较，最后作为此种比较的结果，进行批判性的法律政策的考察或者得出关于本国法律的解释的结论。"（茨威格特，9）日本大木雅夫教授则提出更细化的比较法中比较的过程、程序，该过程由两个核心步骤组成，一是对作为比较项的外国法律制度的认识，包括法源问题、法律秩序的结构关联与规范性要素的作用、法外因素考量等；二是进行比较，即确定关联与认识异同（大木教授还谈及批评性评价，参见大木雅夫，81～104）。

第二节 比较行政法的概念与功能

一、行政法

域内外行政法学界在理解"行政法"时通常将行政法作如下解析：一是行政法是公法，即与国家公权力行使或公共利益相关的法律；二是行政法是国内法；三是行政法是"有关行政的法"。简单讲，在理解上，行政法可看作是与行政相关的国内公法（关于不同法域行政法学者们对于行政法概念的认识，参见第二章"比较行政法基本概念"）。

二、比较行政法

（一）比较行政法的界定

前文有述，比较法是研究不同法域法律制度（理论）异同的法学学科或法学研究方法。显然，比较行政法是比较法和行政法的交叉领域，是指以比较方法研究不同法域行政法制度（理论）的法学学科。

（二）比较行政法的功能

如前所及，比较法具有理论和应用两类面向的功能。比较行政法的功能也可以作此类划分。比较行政法的理论功能主要体现在通过对不同法域行政法理论、思想的比较认识行政法的发展趋势，进而补充、提升或完善本国行政法理论和行政法治理念。比较行政法的应用功能则体现在功能主义视角下，本着"问题思维导向"，对于本国行政法制度中存在的问题，通过比较不同法域行政法制度，寻找解决的对策，进而解决问题，完善本国行政法制度。

　　诚如德国行政法大家沃尔夫教授在谈及行政法的比较研究方法时所言，比较行政法像积累各种行政法方案的仓库，其核心任务是发现具体的需要和法律问题，对比不同法域、法律制度、行政文化和行政传统的个性和共性，学习其他行政法文化，吸收和借鉴经过检验的具有普遍性的制度和法律思想，完善自己的行政法（沃尔夫，17）。

本章小结

　　比较行政法是在比较法和行政法之间架构起的一座桥梁，是借助于比较方法对不同法域的行政法理论、行政法制度区别异同，寻找完善本国行政法理论、解决本国行政法制度存在问题的法学学科和研究方法。

拓展阅读书目

　　1. ［德］K. 茨威格特、H. 克茨：《比较法总论》，潘汉典等译，法律出版社 2003 年版，第一章"比较法的概念"，第 3～20 页；第二章"比较法的功能和目的"，第 21～43 页；第三章"比较法的方法"，第 44～72 页。

　　2. ［德］格罗斯菲尔德：《比较法的力量与弱点》，孙世彦、姚建宗译，清华大学出版社 2002 年版，第一章"导论"，第 1～10 页；第二章"比较法、法律学说和实践中的法律"，第 11～24 页；第八章"比较法的局限"，第 61～67 页；第九章"文化与法律"，第 68～81 页；第十一章"可比较的要素"，第 112～117 页。

　　3. ［日］大木雅夫：《比较法》，范愉译，法律出版社 1998 年版，第三章"比较法的本质：概念、目的和功能"，第 59～72 页；第四章"比较法的方法"，第 73～104 页。

第二章　比较行政法基本概念

本章导读

　　本章主旨是介绍比较法视角下不同法域对行政法学中核心概念的认识，包括行政、行政法、行政法渊源、行政法学。行政是与立法、司法相区分的国家活动；行政法是与行政活动相关的国内公法；行政法渊源是行政法的表现形式。行政法学则是指研究行政法现象和规律的法学学科。

　　本章的重点和难点为不同法域对行政法概念及行政法渊源的认识。

必读文献

　　1. 王名扬：《法国行政法》，中国政法大学出版社 1988 年版，第一章"绪论"，第一节"行政"、第二节"行政法"、第三节"行政法学"，第 1~38 页。

　　2. [法]让·里韦罗、让·瓦利纳：《法国行政法》，商务印书馆 2008 年版，"导论"，"一、定义与基础概念；二、法国行政管理体制溯源；三、行政法基本原则"，第 1~46 页。

　　3. [德]哈特穆特·毛雷尔：《行政法学总论》，高家伟译，法律出版社 2000 年版，第一编"行政和行政法"，第一章~第四章，第 1~84 页。

　　4. [美]斯蒂芬·G. 布雷耶等：《行政法：难点与案例》（英文影印版），中信出版社 2003 年版，"1. Introduction"（导论），"B. What is administrative law?"（行政法的概念），第 3~4 页；"C. 3. The historic development of administrative government and administrative law"（政府与行政法的历史发展），第 16~36 页。

基础案例

[法国]布朗戈诉波尔多制烟厂案件（1873）

　　案件主旨之一是确立了法国行政法院与普通法院的权限划分，权限争议法庭认定该案由行政法院审理（案件详细信息，参见第九章"比较行政赔偿法"）。

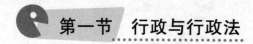

第一节 行政与行政法

一、行政

在中文语境中，"行政"可以用来指"行使国家权力"，也可以用来指"机关、企业、团体内部的管理工作"（《现代汉语词典》，1409）。

（一）法国行政法学中的"行政"

法国本土行政法学者里韦罗教授和佩泽尔教授在分析"行政"（L'administration）时均认识到：一是行政与个人行为是有区别的；二是行政与其他公务活动也是有区别的。其中，前者即行政与个人行为的差别体现在行政追求的目标是公共利益，行政运作凭借的是公权力特权；后者即行政（政府）与其他公务活动如立法、司法的区别则体现在行政是与政府相关联的，并总结认为行政乃政府当局（有时是私法机构）为满足公共利益的需求，必要时运用公权力的特权来推展的活动（里韦罗，2～6；佩泽尔，2～3）。我国国内比较行政法学者王名扬教授在介绍法国行政法中的"行政"概念的涵义时也遵循了基本相同的思路，即分析了公共行政与私人企业管理在主体、手段、目的等方面的差别；同时强调公共行政是一种国家职能，这又可以区分为实质意义的行政和形式（机关）意义的行政，并认为就行政法的观点而言，行政首先是指行政机关的活动，但实质意义的行政起补充作用（王名扬，4～10）。

（二）德国行政法学中的"行政"

德国行政法学者们通常是把"行政"（Verwaltung）和"公共行政"（Oeffentliche Verwaltung）与"国家行政"（Verwaltung des Staates）等同看待。被尊称为德国"行政法之父"的迈耶教授认为"行政是除立法和司法之外的国家活动"，但又认为"并非所有既非立法又非司法的活动就是行政活动"，并总结认为行政是国家在其法律制度范围内，为实现国家目的而进行的除司法以外的活动。迈耶教授的表述虽有冲突之处，但其强调了行政法中"行政"概念的两个核心含义，即一是行政是一种国家活动，二是行政与国家活动中的立法、司法活动有区别（迈耶，8，14）。当前德国行政法学作品中通常将"行政"作不同面向的理解：一是"组织意义上的行政"，即把行政与行政组织（包括行政主体、行政机关和其他行政设施）作等同认识；二是"实质意义上的行政"，即把行政看作是以行政活动、执行行政事务为目标的国家活动（对此又可以区分出消极方式、积极方式以及综合方式来界定国家活动）；三是"形式意义上的行政"，即行政是指行政机关所实施活动的总称（平特纳，15～17；沃尔夫，19～29；毛雷尔，3～6）。

德国行政法学者还强调行政作为一种国家活动与其他国家活动的区别即"行政的典型特征"：一是行政是社会塑造活动，即行政活动对象是社会共同生活、共同体事务，服务于共同体中的个人；二是行政的出发点是公共利益，强调维护公共利益、个人利益、人的尊严价值等；三是行政主要是积极的、针对将来的塑造活动（区分行政与司法：行政是创造性的，司法是反应性的）；四是行政是为处理事件而采取具体措施或执行特定计划的活动（区分行政与立法：立法具有普遍性特点，当然非绝对化）（毛雷尔，6～7）。

德国行政法学者们也会不惜笔墨来介绍行政的类型（即多样性）：一是以行政的客体（对象）为标准可以划分为建设行政、教育行政、经济行政等；二是以行政的任务或目的为标准则可以区分出秩序行政（警察与秩序行政）（即排除相关危险、保障公共安全与秩序等活动）、给付行政（即为个人提供特定目的的支持以及通过监视公共设施保障和改善公民生活条件的活动）、引导行政（即借助计划、补贴等对社会领域的促进、引导等）、税务行政（即通过征收税金和其他费用为国家提供必要的金钱手段）、后备行政（即执行行政任务所需的人力、物力保障）；三是以行政手段对公民的法律后果为标准可以划分给付行政（以有利的方式为公民提供权利或其他利益）、侵害行政（以负担的方式侵害公民权利）；四是以法律约束的程度区分为属法行政（即有特定的法律规则予以规范的行政活动，又可以区分为法律羁束行政、裁量行政）、法外行政（即没有法律规定，行政机关根据自己的创造性和认识进行活动，但行政机关仍须遵守一般的法律界限和约束如管辖权规定、基本权利、行政法一般原则等）；五是以行政组织的成员间关系为标准划分了直接国家行政与间接国家行政，其中前者又可分为联邦行政与州行政（毛雷尔，8～11）。

正是这种精细而又繁琐的努力，使得德国行政法大家毛雷尔教授感叹道："迄今为止所有的定义企图表明，一个完全令人满意的结论还没有作出，也许不可能作出。这不是因为学理努力不够，而是因为行政本身的特性。行政的活动范围、任务、结构和活动方式是如此多样，以至于对行政作出概念性的把握几乎是不可能的。因此福斯多夫指出，行政只能描述，而不能界定。"（毛雷尔，6）

二、行政法

（一）行政法的界定

在法国学者看来，"行政法"（droit administratif）是行政活动与法律规范的结合体，并区分广义和狭义行政法理解；所谓广义行政法，是指可适用于行政活动的全部法律规范，包括私法规范和公法规范；狭义行政法则指适用于行政活动的公法规范。行政法中所研究讨论的对象通常指后者，即适用于行政的特殊法（里韦罗，13；佩泽尔，1）。国内王名扬教授对法国人所理解的行政法概念的分析更为体系化：一是行政法是国内法；二是行政法是调整行政活动的法律；三是行政法是公法；并作出清晰准确的总结："行政法是调整行政活动的国内公法。"（王名扬，13~15）

德国行政法学者们在理解"行政法"（Verwaltungsrecht）的概念时也会作宽泛的表述，即"有关行政的法"（毛雷尔，33），也会区分广义的行政法和狭义的行政法：广义的行政法是指（组织意义上的）公共行政活动所依据的法律规范的总称；狭义的行政法是指调整公共行政主体高权活动法律规范的总称，是与（行政机关也可以适用的）私法相区别的公法的组成部分，即作为公法的行政法（沃尔夫，199，203）。

总结起来，借用毛雷尔教授的表述，即行政法是以特有方式调整行政（行政行为、行政程序和行政组织）的法律规范（成文或不成文）的总称，是行政所特有的法（毛雷尔，33）。

（二）行政法的特点

法国行政法学者认为，要想认识行政法的特点，需要回答三个问题：一是行政法的独立性；二是行政法典的编纂；三是行政判例的法律性质（里韦罗，7）。而对上述问题的回答也就基本解决了行政法的特点问题；法国行政法学者们的回答分别是：一是行政法的相对独立性（或称自主性），即行政法是与私法规范不同的一套公法规范体系，同时在行政法规范体系中保护公共利益观念居于支配地位；二是行政法尚未编为法典；三是行政法的判例性质，即判例构成行政法体系的组成部分（里韦罗，7~13；佩泽尔，5~7；奥里乌，1927，134）。国内王名扬教授在分析法国行政法的主要特点时认为除上述三点之外，"独立的行政法院系统"也应看作法国行政法的一大特点（王名扬，18~24）。

（三）行政法的分类

德国行政法学者会对行政法进行分类，其中最常见的、影响最大的就是依据行政法的调整对象将行政法划分为一般行政法和特别行政法。其中，一般行政法是指原则上适用于所有行政法领域的规则、原则、概念和法律制度，涵盖行政法领域的普遍、典型的横向问题；特别行政法是指调整特定行政活动领域的法律（毛雷尔，33~54；其他分类，如外部行政法与内部行政法；行政公法与行政私法等）。

第二节 行政法法源

在法学理论中虽然对"法源"的理解存在不同看法,但通常可以接受的理解是将法源界定为法的表现形式。遵此理解,行政法法源即行政法的表现形式。

一、法国行政法法源

法国行政法学者在分析时认为,行政法渊源应该由合法性原则和行政机关需要遵守的法律规范构成,其中,法律规范又可以区分为国家规范和跨国规范。国家规范包括宪法、组织法、议会法律、法令条例、政令或决定等规章制度和一般法律原则;跨国规范包括欧盟法律、欧洲人权公约(里韦罗,35~37)。

国内王名扬教授在介绍法国行政法时认为法国行政法渊源可以区分为形式渊源和实质渊源,其中,行政法的形式渊源包括成文法形式(又可细化为宪法、条约、议会法律、行政法规、行政规章)和非成文法形式(法的一般原则、判例、习惯法);行政法的实质渊源则指构成行政法规范的资料来自什么地方,行政法规范包括什么内容(王名扬,16~18)。

二、德国行政法法源

德国毛雷尔教授在分析德国行政法渊源时认为,行政法渊源就是行政法律规范得以产生和存在的表现形式,在德国语境下,行政法渊源可以包含成文法渊源(又可分为宪法、议会法律、法规明令、规章)、习惯法、行政法一般原则、欧盟法、国际法等(毛雷尔,55~82;另参见沃尔夫,第三编"客观行政法"第二章"行政法的法律渊源",238~322)。

第三节 行政法学

行政法学是以行政法现象和规律为研究对象的法学学科。相较于民法学、刑法学等法学学科而言,行政法学是一门年轻的学科(王名扬,31~33)。

一、法国行政法学

行政法学界通常推崇法国为"行政法母国",即便如此,法国行政法学也仅是在19世纪最后期间才形成。当前从教科书内容体系上可见,法国行政法学研究的内容基本包括行政行为实施机构、行政机关活动、对行政机关的监督三个方面(里韦罗,42)。

国内王名扬教授在介绍法国行政法学内容时，以国人的视角进行改编，将法国行政法学体系划分为行政活动的组织、行政活动的手段（法律、人员、物质）、行政活动的方式、行政活动的监督、行政活动的赔偿责任等五部分内容（王名扬，36～38）。

二、德国行政法学

德国的行政法学体系是在学习和沿袭法国行政法学体系的基础上发展起来的，在此过程中又形成了自己的特色。德国的行政法学体系整体上可以区分为一般行政法学、特别行政法学和行政诉讼法学三大门类。其中，一般行政法学（或称行政法学总论）与我们此处的讨论具有密切关系，以德国行政法学者毛雷尔教授大作《行政法总论》为分析对象，可窥见德国行政法学体系。毛雷尔教授将行政法学分解为：一是行政和行政法、二是行政法的基本概念、三是行政活动：行政行为、四是行政活动：其他活动方式、五是行政程序和行政强制执行、六是行政组织、七是国家赔偿法（毛雷尔，2000）。

 **本章小结**

公共行政是国家权力职能中除立法、司法之外的职能活动；规范和调控公共行政的法即行政法；但不同法域对行政法性质和功能会有不同认识。行政法渊源是行政法的表现形式，可以是成文法渊源，也可以是不成文法渊源。行政法学是研究行政法学现象的法学学科，不同法域对行政法学体系的构建亦有差异。

拓展阅读书目

1. ［法］古斯塔夫·佩泽尔：《法国行政法》，廖坤明、周洁译，国家行政学院出版社 2002 年年版，"总论"，第一章"行政机关"；第二章"行政法"；第三章"行政法的演变"，第 1～22 页。

2. ［德］G. 平特纳：《德国普通行政法》，朱琳译，中国政法大学出版社 1999 年版，第一部分"基础理论"，第一章～第三章，第 3～82 页。

3. ［德］汉斯·J. 沃尔夫、奥托·巴霍夫、罗尔夫·施托贝尔：《行政法》（第一卷），商务印书馆 2002 年版，第一编"公共行政"，第二编"行政法在欧共体法和宪法中的地位"，第三编"客观行政法"，第四编"主观行政法"，第 1～519 页。

4. 于安：《德国行政法》，清华大学出版社 1999 年版，第一章"国家行政和行政法的基本概念"，第 1～24 页。

5. 刘兆兴等：《德国行政法与中国的比较》，世界知识出版社 2000 年版，第一章"德国行政法的历史沿革、性质、特征和范围"，第 9 ～ 45 页。

6. ［英］戴雪：《英宪精义》，雷宾南译，中国法制出版社 2001 年版，第二篇第四章第二节"法律主治的三个指意"，第 231 ～ 244 页；第十二章"Droit Administratif（行政法）的反比"，第 359 ～ 414 页。

7. ［英］W. Ivor. 詹宁斯：《法与宪法》，龚祥瑞译，三联书店 1997 年版，第六章"行政法"，第 149 ～ 164 页。

◎ 拓展案例

布朗戈（Blanco）案件（1873）及其影响

十九世纪下半期以后，国家的职务增加，除了传统的行使公共权力的职务以外，还有为了公共利益而进行了一系列的公务活动，例如文化、教育、交通、卫生等。这类活动的特征不是行使公共权力，而是提供服务，直接以满足公共利益为目的，和私人活动性质不同。继续采取公共权力作为决定行政审判权限的标准，必然缩小行政审判的范围。1873 年 2 月 8 日，权限争议法庭在布朗戈案件中，明确抛弃了国家债务人和公共权力两个标准。提出将公务观念作为划分行政审判权限的标准。这个案件的事实情况如下：布朗戈的女儿被国营制烟厂的运输车撞伤，布朗戈向普通法院起诉，要求国家按照民法上侵权行为的规定负赔偿责任。法院认为该案和国家行使公共权力无关，受理了这个案件。省长认为该案涉及国家作为债务人问题，属于行政审判范围，普通法院无权受理，提起权限争议。权限争议法庭在判决中写道：

"国家由于公务中所使用的人，对私人造成损害的责任，不受民法中对私人相互关系所规定的原则的支配：这个责任既非普遍性的，也非绝对性的。它有其本身的特殊规则。这些规则根据公务的需要和平衡国家与私人利益的需要而变化……"

这个判决的重要意义在于，放弃国家债务人和公共权力两个标准，而以公务观念作为确定行政审判权限的标准。公务观念不是由权限争议法庭首先提出来的，1855 年 12 月 6 日国家参事院在 Rothschield 案件中，已经提出公务观念作为划分行政审判权限的标准。由于是行政法院单方面的意见，没有引起关注。1873 年的公务标准由权限争议法庭提出。这个法庭的任务是划分行政审判和司法审判的权限，所以布朗戈案件具有很大的权威性。而且在 1873 年，行政机关公务的范围比 19 世纪 50 年代更为广泛，公务标准比以往更符合时代需要。

布朗戈案件只适用于国家行政机关的活动，行政法院和权限争议法庭继续把公务标准扩张适用于国家以外的行政机关，使它成为全部行政审判权限的标准。最主要的推广适用公务标准的案件有：1903 年 2 月 6 日的 Terrier 案，1908 年 2 月 28 日的 Feutry 案，1901 年的 Thérond 案，1912 年 7 月 31 日的 société des Granits Porphyroides des Vosges 案（参见王名扬：《法国行政法》，中国政法大学出版社 1988 年版，第 574～575 页）。

第三章　比较行政法基本原则

本章导读

　　行政法基本原则是贯穿行政法规范体系的基本规范，在来源上具有法定性和理论性双重特点，对行政法规范的统一解释适用起到指引约束作用，且能起到填补行政法规范漏洞的功能。本章主旨是在比较法视角下，以我国国内对行政法基本原则的理论认识为基础，探析以法国、德国为代表的大陆法系行政法基本原则理论以及沿袭大陆法系的以日本、韩国及我国台湾地区为代表的混合法系行政法基本原则认识，即"依法行政"原则理论，同时，还分析以英国、美国为代表的英美法系的行政法基本原则理论，它们虽欠缺体系性理论，但也有各自认可的核心原则，如英国的"越权无效"及美国的"正当法律程序"。

　　本章重点是法国行政合法性原则与德国依法行政原则，难点是对法律保留原则的理解。

必读文献

　　1. ［法］让·里韦罗、让·瓦利纳：《法国行政法》，商务印书馆 2008 年版，"导论"，"三、行政法基本原则"，第 24~46 页；第二卷第一编"合法性原则"，第 327~419 页。

　　2. 王名扬：《法国行政法》，中国政法大学出版社 1988 年版，第三章第六节"行政法治原则"，第 204~222 页。

　　3. ［德］哈特穆特·毛雷尔：《行政法学总论》，高家伟译，法律出版社 2000 年版，第六章"依法行政原则"，第 103~121 页。

○ 基础案例

［英国］联合地区电影公司诉韦德内斯波利公司案（1948）

　　1. 案件法律争议。韦德内斯波利公司在向联合地区电影公司发放许可证时所附加的条件是否合理？

2. 案件事实。根据英国 1932 年的《周日娱乐法》（Sunday Entertainments Act）的规定，许可机关在向电影公司发放周日播放电影许可证时可以附加"其认为适当的"条件，因此，韦德内斯波利公司附加了"禁止 15 周岁以下儿童，无论是否有大人陪伴，在周日观看电影"（no children under the age of 15 years shall be admitted to any entertainment, whether accompanied by an adult or not）。联合地区电影公司作为放映公司认为该限制条件不合理且超越法定职权，构成越权，继而提起诉讼。

3. 法院判决。法院判决认为，《周日娱乐法》授权许可机关在发放许可证时可以施加其认为适当的限制条件，该授权应该理解为许可机关在此事项上拥有自由裁量权，而且法律并没有对限制条件的内容进行限制。判决书的撰写者格林勋爵的推理是：只有证明行政机关在行使裁量权时已经违反了法律，法院才可以撤销该行为；当然不合理可以构成违反法律的理由。

接着格林勋爵又将不合理进行了区分，一是一般意义上的不合理，也就是指行政机关在行为时一般要考虑的因素如目的、相关性、合理性等，此时法院不介入对行政裁量权的审查；二是相当特殊或极端的不合理，格林勋爵将其表述为"公共机关所得出的结论如此不合理，以至于凡有理性的行政机关不可能作出这种决定"（it is true to say that, if a decision on a competent matter is so unreasonable that no reasonable authority could ever have come to it, then the courts can interfere），这也是英国行政法中著名的"韦德内斯波利标准"；如果行政机关裁量权行使达到了极端不合理标准即"韦德内斯波利标准"（Wednesbury Unreasonableness），格林勋爵认为法院这时可以介入审查该行为。

进而，格林勋爵认为，在本案中，韦德内斯波利公司的附加条件并没有达致此种标准。

第一节　行政法基本原则导论

一、行政法基本原则的含义

在行政法学理论中，依据普遍接受的看法，行政法基本原则，又称为行政法的基本精神或指导准则或精髓，是指贯穿整个行政法规范体系的基础规范，亦诚如国内行政法学者姜明安教授所言，行政法基本原则体现在行政法律制度的具体法律规范中，但地位上又高于具体的法律规范（姜明安，65）。从来源上看，行政法基本原则是在行政法调整行政权的历史中累积而成的制度和理念，存在于行政法实践且由行政法学者理论梳理总结而成。

二、行政法基本原则的功能

依据法学理论中关于"原则"及"基本原则"的认识和行政法学理论中关于行政法基本原则的理论认识，对于行政法基本原则的功能可以作如下理解：

1. 行政法基本原则作为行政法规范体系的基础规范或基本价值，是产生其他行政法规范的本源规范；换言之，这些基本原则或精神构成了整个行政法律制度的规范和价值基础。

2. 行政法基本原则在整个行政权的运作中起到指引、规范甚至约束的作用，这种功能的认识是与行政法性质的理解密不可分的。如前所述，行政法可以理解为规范和调控行政权的法律规范体系，作为行政法基础规范的行政法基本原则，自然可以起到规范和调控行政权的功能。

3. 与前者相关联，行政法基本原则对于行政裁量权的合法、合理行使起到规范与指引功能。

4. 行政法基本原则对于整个行政法规范体系而言，可以起到法律漏洞填补的功能，这是法律原则在法律体系中的功能在行政法规范体系中的延伸。

三、我国国内行政法基本原则认识

国内行政法学者在论述行政法基本原则的内容体系时往往见仁见智，此处仅选取国内行政法学领域较有影响力的行政法学作品的观点进行介绍。

1. 姜明安教授主编的《行政法与行政诉讼法》。在该作品中，作者在梳理域内外行政法学相关理论的基础上认为，行政法的基本原则可以根据原则的内容（即调整实体关系还是调整程序关系）进行区分：行政法实体性基本原则和行政法程序性基本原则，前者包括依法行政原则、尊重和保障人权原则、越权无效原则、信赖保护原则及比例原则；后者包括正当法律程序原则、行政公开原则、行政公平原则和行政公正原则。

2. 国家司法考试辅导用书中，马怀德、杨伟东主编的《行政法与行政诉讼法》部分，作者依据国务院 2004 年出台的《全面推进依法行政实施纲要》中对"依法行政的基本要求"提出了行政法的六个基本原则。该《纲要》"依法行政的基本原则和基本要求"中第五部分提出了对"依法行政"的六个要求，即合法行政、合理行政、程序正当、高效便民、诚实守信、权责一致。

第二节　法国的行政合法原则

一、法国行政法基本原则的结构认识

翻阅法国本土或我国国内行政法学者的作品，可以看到，他（她）们分析介绍法国行政法基本原则的理论认识有重叠之处、亦有差异的地方，总结起来可作如下梳理：

1. "多原则论"，即认为行政法基本原则应该由两个以上的下位原则组成。法国学者让·里韦罗教授认定行政法原则是行政法独创原则，应该包含行政权与司法权分立原则、与一般法律相抵触、合法性原则、对行政机关监督原则四个部分（里韦罗，24～42）。

2. "两原则论"，即认为行政法基本原则可以分解为两大原则，但对于两类具体原则的内容在认识上亦有差异。国内行政法学者周佑勇教授则将法国行政法基本原则归纳为由行政法治原则和行政均衡原则两部分组成（周佑勇，144～160）。这种将行政法基本原则细化为两类下位原则的认识也反映在英国学者的作品中，认为行政责任原则（the principle of administrative liability）和行政合法性原则（the principle of administrative legality）构成了法国行政法基本原则（Brown & Bell，175～267）。

3. "单原则论"，即认为行政法基本原则可以简化为某一个原则。佩泽尔教授认为行政法基本原则就是合法性原则（佩泽尔，32～55）；这种简单、直接的认识也体现在我国比较行政法大家王名扬教授的作品中：行政法基本原则是行政法治原则（王名扬，204～222）。值得说明的是，虽然两位学者在语言表述上有差异：一个是"合法性原则"，另一个为"法治原则"，实则是同一法语概念中文翻译上的问题，实际同为一个原则，即 le principe de legalite.

二、行政合法原则

关于法语中的 le principe de legalite 的概念，国内行政法学界译法不一："合法性原则"、"行政合法性原则"、"行政法治原则"等，这里使用"行政合法原则"的译法。

（一）"行政合法"的界定

如何理解、界定"行政合法"？对此，学者们的理解基本一致："行政服从法律"、"受法律规范约束"（里韦罗，34）；"行政必须遵守法律规则"（佩泽尔，32）；"行政必须遵守法律"（Brown & Bell，213，"…the idea that the administration must be compelled to observe the law")。国内王名扬教授则作出较为体系化的理解，即认为行政活动必须遵守法律，而法律又要规定行政活动的机关、权限、手段、方式和违法的后果；具体包括三个方面内容，即行政行为必须根据法律、行政行为必须符合法律、行政机关必须采取行动保证法律规范的实施（王名扬，204～207；周佑勇教授则沿用了王名扬教授的理论分析框架，参见周佑勇，150～153）。

（二）行政合法之"法"

遵此理解，行政合法原则中的"法（法律）"处于正确认识该原则的核心位置。如何把握该"法（法律）"的外延即范围？王名扬教授将之称为"行政法治原则的结构模式"或"法律规范的层级结构"，他认为行政合法原则中的"法（法律）"可以指宪法、条约、（议会）法律、法的一般原则、判例、条例（王名扬，207～213）。里韦罗教授对此也进行了类似的列举，认为"法"应包括宪法、组织法、国际条约、欧共体准则、欧洲人权公约、法律与章程条例、政令、判例法与普遍法原则（里韦罗，327）。

佩泽尔教授则将"法"的理解区分为三个方面：成文法（又包括宪法、条约、法律、法规、欧盟规则和指令）、一般法律原则和判例（佩泽尔，32～42）。胡赛教授则区分了合法原则的成文法渊源（les sources ecrites de la legalite）和不成文法渊源（les sources non ecrites de la legalite），前者包括宪法（la constitu-tion）、条约（le traite）、法律（la loi）、法规（le regelement），后者包括判例（la jurisprudence）和法的一般原则（les principes generaux du droit）（Rousset，38）。

（三）"行政合法原则的限制和抗衡"

根据王名扬教授和胡赛教授的介绍，在法国行政法理论和实践中，行政合法原则是适用于正常情况下的原则，不是对一切情况都能适用，即某些情况下行政合法原则不适用，这在法国行政法上被称之为"对行政合法原则的限制和抗衡"（limites et contrepoids du principe de legalite）。根据法国法律制度和判例，两种情形会排除行政合法原则的适用：行政机关政府行为（des actes du gouvernement）和特殊情况（des circonstances exceptionnelles）（王名扬，213～221；Rousset，69）。

"政府行为"可包括三类情形：①政府和议会关系中所采取的行为，包括提出法律草案、公布法律、召集议会，停止和解散议会以及关于议会选举的行为；②政府在国际关系中所采取的行为，包括条约的磋商、签订、批准、执行、建立海上安全区域、外交保护等行为；③1958年宪法第16条授权总统在国家遭到严重威胁时，在和总理、两院议长、宪法委员会主席磋商后，可以根据形势的需要采取必要的措施。

"特殊情况"理论是指在一般情况下不合法的行政行为，在特殊的情况下可以成为合法的行为，因为它们是当时为了保证公共秩序和公务运行所必须采取的行为，这是用例外的合法性理论代替正常的合法性理论。与"特殊情况"相关的制度规范，除判例外，还主要涉及法国戒严状态法、紧急状态法和宪法第16条关于总统采取紧急措施权力的规定。

（四）行政合法的保障

如何保障或监督行政合法原则得以贯彻、适用？法国行政法理论和实践认为可以通过传统的行政监督措施和司法监督措施，也可以通过"共和国调解人"来实现（王名扬，221～222；佩泽尔，52～55）。

1. 行政监督，也可称为行政救济，指受行政决定影响的公民可以就该行政决定向作出行政决定的行政机关或其上级机关申请对该决定的合法性（和/或适当性）审查，从而作出处理决定的制度。针对申请人的申请，经审查，行政机关通常会作出撤销行政决定或驳回申请人请求等决定。理论上，行政救济又可以根据受理的机关不同分为"善意的救济"（Le recours graeieux）和"层级的救济"（Le recours hiérachique），前者指作出行政决定原行政机关的救济，后者指作出被申请的行政决定机关的上级行政机关的救济（参见王名扬，518～519；佩泽尔教授则分别称之为复议和层级复议，52）。

2. 司法监督，又可称审判救济、诉讼救济，指受行政决定影响的公民可以通过向行政法院提起行政诉讼，由法院审查该行政决定的合法性（排除适当性）进而做出判决的制度。理论上，从行政诉讼类型上看，当事人提起的行政诉讼可以是"越权之诉"（即请求撤销违法行政行为的诉讼），也可以是"完全管辖权之诉"（即当事人请求行政法院判决行政主体负担损害赔偿责任的诉讼），甚至是"无效之诉"（即当事人主张行政行为无效）（王名扬，212）。

3. "共和国调解人"（Le médiateur），又称"调解专员"，起源于瑞典的议会司法专员制度和英国的议会行政监察专员制度（Ombudsman），作为独立的行政机关，其有权监督违法的和不良的行政管理活动。根据法国1973年和1976年两部法律，"调解人"由部长会议通过，总统任命，任期6年，不能连任；为保持独立地位，"调解人"不能兼任任何其他职务，也不接受任何机关的命令；"调解人"对其执行职务的行为享有调查权、调停权、建议权等权力并享有一定的司法豁免权。但在"调解人"工作程序上，当事人不能直接向"调解人"提出请求，只能先向国会议员提出请求，由国会议员转交"调解人"处理；同时，在当事人向国会议员提交书面申请要求"调解人"介入之前，其必须履行先跟行政机关交涉的程序。

第三节 德国的依法行政原则

一、德国行政法基本原则的结构认识

整体上，通过对德国本土行政法学者及我国比较行政法学者对德国行政法基本原则的分析介绍，我们对德国行政法基本原则理论认识可作如下结构性分析：

"两原则论"认为德国行政法基本原则应由两部分原则构成，对两个具体原则的内容又存在不同认识。德国行政法学者沃尔夫教授认为公共利益原则及行政合宪合法原则（又可细化为法律优位即"宪法和法律的消极意义"和法律保留原则即"合宪性和合法性的积极意义"）构成德国行政法基本原则体系（沃尔夫，336）；国内于安教授则将"依法行政原则"（又可包括法律优先和法律保留）和"平衡原则"（der Grundsatz der Verhaeltnismaessigkeit）（又具体为行政措施对目的的适应性原则、最小干预可能的必要性原则和禁止过分的适当性原则）看作是德国行政法基本原则的两大组成部分。

"单原则论"认为德国行政法基本原则为某一具体原则或观念。德国毛雷尔教授就认为，"依法行政原则"即行政法基本原则，包括法律优先原则和法律保留原则；国内高家伟教授则在概念上使用了"德国行政法的基本观念"，认为德国行政法的基本观念是行政合法性原则，包括法律优先原则和法律保留原则。

由上可知，德国行政法学中强调对依法行政原则（或译为行政合法原则）（der Grundsatz der Gesetzmaessigkeit der Verwaltung）的认识和分析，而且均认识到理论上依法行政原则又是由法律优先（der Grundsatz des Vorrangs des Gesetzes，Gesetzesvorrang）和法律保留原则（der Grundsatz des Vorbehaltes des Gesetzes，Gesetzesvorbehalt）构成的。

二、依法行政原则

如前所述，德国行政法学中的 der Grundsatz der Gesetzmaessigkeit der Verwaltung 在中文翻译中出现不同译法：或译为"依法行政原则"，或译为"行政合法性原则"（高家伟，299）。

（一）"依法行政"界定

如何理解依法行政原则？简单地讲，依法行政原则就是指行政机关的活动应当遵守（不得违反）法律的规定，（行政）法院有权审查行政活动的合法性，违

法的行政活动应承担法律责任（高家伟，299；毛雷尔，103）。在内容上，学者们通常认为依法行政原则又可以区分为"消极的依法行政"和"积极的依法行政"，前者又称"法律优先"即行政机关的行为必须遵守、不得违反既有的法律规定；后者亦称"法律保留"即在某些情形下或对某些事项，必须有法律明确授权，行政机关才可以行为（沃尔夫，334～336；于安，28）。

（二）"法律优先"

1. "法律优先"的用语与涵义。"法律优先"（Gesetzesvorrang）（其他用法也有"法律优先原则"der Grundsatz des Vorrangs des Gesetzes，或"优先原则"Vorrangsprinzip）是德国行政法学中公认的依法行政原则的两大构成部分之一。按字面表达，可以理解为法律优先于行政，德国行政法学者毛雷尔教授的理解是"行政应当受现行法律的约束，不得采取任何违反法律的措施"（毛雷尔，103）；沃尔夫教授则说"行政机关必须在法治和法律的范围之内活动"（沃尔夫，336）。国内学者在介绍该原则时也基本遵此理解，如高家伟教授认为，"法律优先原则是指行政机关的一切行为都受现行有效的法律的约束，行政机关不得采取与法律规定相冲突的措施，否则就要承担撤销、赔偿等法律责任"（高家伟，299）。于安教授也说，"法律优先原则，直观的意义是法律对行政权处于优先的地位；实质的意义是指行政应受既存法律的约束，行政机关不能采取与法律相抵触的行政措施。行政机关对于既存法律必须遵守，不得违反"（于安，25）。总结起来，"法律优先"是指行政机关的行为不得违反或必须遵守现行法律规定，所以也被称为"消极的依法行政"。

2. "法律"与"优先"。如果对"法律优先"的涵义再作进一步追问的话，其中的"法律"和"优先"分别作何种理解？特别是对"法律"的理解对于准确把握该原则的涵义尤为重要，因为法学者周知，"法律"可作广义和狭义两种不同的理解，但"法律优先"中的"法律"仅指狭义的法律，即立法机关（议会）制定的有约束力的规范性文件，有学者提及，凡是现行有效的法律，不论是公法（宪法和行政法）还是私法（民法），行政机关都必须遵守（高家伟，299）。值得一提的是，德国行政法大家沃尔夫教授在分析依法行政或行政合法时，是将其跟依宪行政或行政合宪关联在一起的，所以，其理解的行政机关的约束规范还包括宪法规范，即行政应受宪法约束（沃尔夫，334～336）。

关于对于"优先"的理解，沃尔夫教授认为是对行政机关的普遍禁止和要求，这种禁止和要求又可以细化为禁止违反现行有效的法律规范、禁止越权（因执行特定任务而产生的越权）、禁止妨害其他国家机关执行任务、禁止超越行政权（的界限）（沃尔夫，337～342）。国内高家伟教授则把"优先"理解为行政机关对法律的遵守，这种遵守在表现形态上，又可以区分为消极遵守，即"禁止偏离法律"（Abweichungsverbot）和积极遵守，即"法律适用要求"（Anwendungsgebot）。前者指行政机关不得采取与法律规定相冲突的措施，不得违反法律，更不得践踏法律；后者指行政机关必须主动地、积极地执行法律，不得推卸或者怠慢履行法定职责（高家伟，299）。

关于法律优先的基础，国内高家伟教授认为法律优先原则的精神是要确立法律与行政的主从关系。一方面，法律优先原则是由议会在国家政治生活中的地位决定的；另一方面，法律优先原则是由法律本身的性质决定的。德国基本法第20条第3款规定，"立法权受宪法限制；执行权和司法权受法律和权利的限制"。〔Artikel 20（Demokratische, rechtsstaatliche Verfassung）（3）Die Gesetzgebung ist an die verfassungsmaessige Ordnung, die vollziehende Gewalt und die Rechtsprechung sind an Gesetz und Recht gebunden.〕（高家伟，300）

3. "法律优先"的适用与后果。"法律优先"原则是否适用于所有的行政机关的活动？抑或仅仅适用在特定的行政活动领域？对于该问题，无论是国内的还是德国本土的行政法学者均作出明确一致的回答："法律优先"适用于所有的行政活动。如德国毛雷尔教授说，法律优先原则无限制和无条件地适用于一切行政领域，这种适用效力源自于有效法律的约束力（毛雷尔，103）。国内学者也遵循这种理解，如高家伟教授说法律优先原则适用于行政机关的一切行为（高家伟，299）；于安教授也认为法律优先原则无条件地适用于行政活动的各个方面（于安，25）。

既然"法律优先"适用于行政机关的所有行政活动，如果行政机关违反了该原则会带来何种法律后果？虽然如高家伟教授所言，实现法律优先原则的关键在于追究行政机关违法的法律责任，但毛雷尔教授也谨慎指出，法律优先原则赋予行政机关采取合法行为的义务，而没有直接设定违反该义务的后果。毛雷尔教授随即说如果该原则没有被遵守，无论如何均必须有相应的制裁。殊途同归，这种"法律责任"或"制裁"，在两位学者看来就是行政活动被确认为无效或行政活动被有权机关撤销，如果给造成当事人损害，行政机关还要承担赔偿责任（毛雷尔，103~104；高家伟，299）。

（二）"法律保留"

1. "法律保留"的用语与界定。"法律保留"（Gesetzesvorbehalt）（其他用法，"法律保留原则"der Grundsatz des Vorbehaltes des Gesetzes、"保留原则"Vorbehaltsprinzip）是德国行政法学中公认的依法行政原则的另一个重要组成部分，即其与"法律优先"共同构成了"依法行政"的整体。就字面意义而言，"法律保留"没有"法律优先"那么明显，但在其概念理解上，学者们的认识没有差别：沃尔夫教授认为"法律保留"要解决的是行政活动是否以及在多大范围之内需要法律依据（沃尔夫，343）；毛雷尔教授的看法更明确，即"法律保留"是指行政机关只有在取得法律授权的情况下才能实施相应的行为（毛雷尔，104）。国内学者基本转述德国学者们对此概念的理解，如高家伟教授说，法律保留原则是指行政机关实施行政行为必须有议会法律的授权，无议会法律授权的行政行为无效（高家伟，300）；于安教授也认为，法律保留原则的基本涵义是行政机关只有得到法律的授权才能活动（于安，25）。总结起来，"法律保留"所表达的是行政机关的行为必须有法律依据即法律的授权，所以也被称为"积极的依法行政"。

理论上，"法律保留"存在的基础在于德国民主法治秩序中既存的民主原则、法治国家原则、基本权利保护原则以及议会保留原则（毛雷尔，104～108；高家伟，301）。

2."法律"与"保留"。为准确把握"法律保留"，需要对该概念进行解析，即如何理解"法律"与"保留"。德国行政法学者认为，法律保留意义上的法律是指正式法律（议会法律）（毛雷尔，108）。国内学者沿袭了该看法，如于安教授认为在表现形式上，法律保留所说的法律主要是指由议会颁布的正式法律（于安，26）。这种对"法律"外延的认识与前面提及的"法律优先"中的"法律"的认识是一致的。前有论述，"法律优先"中的"优先"是指得到遵守、不被违反，那么"法律保留"中的"保留"应作何种理解？依据学者们的分析，此处"保留"应理解为授权，即法律就某些特定事项授权行政机关采取相应措施。换言之，这些特定事项是"保留"给法律的，行政机关无权自行行为。

3."法律保留"的适用。这又带来一个同样重要且需要得到明确回答的问题："保留"的范围，即哪些事项是需要法律授权或保留给法律的？对此，德国本土行政法学者也倍感头疼，感叹道："法律保留的范围充满了问题和分歧。"（毛雷尔，109）但总结起来，通常认为，无论是行政机关的干预行政（侵害行政），还是福利行政（给付行政），均有"法律保留"适用的空间（于安，27～28；毛雷尔，109～118；高家伟，301～302）。

是否所有的干预或侵害事项均需要法律授权？德国行政法学界对此的回答是否定的，而且针对此问题提炼出了"重要性理论"（Wesentlichkeitstheorie）和"调整密度理论"（Regelungsdichtetheorie），借用毛雷尔教授的理解，重要性的标准并不是事务的性质，而是某个规则对共同体和公民个人的意义、分量、基础性、深远性及其强度等。因此，重要性不是确定的概念，而是一个阶梯，某一事务对于共同体或公民越重要，对立法机关的要求就越高。随之而来的是调整密度：公民个人的基本权利越深远、紧迫，该权利对共同体的作用就越重要；社会问题越充满争议，法律调整就应当越精确和严格。因此，存在一个阶梯结构：完全重要的事务需要议会法律独占调整，重要性小一些的事务可以由法律规定的法令制定机关调整，一直都不重要的事务，不属于法律保留范围（毛雷尔，109；另可参见高家伟，301）。

行政机关的行为如果违反了"法律保留"，将会导致该行为的无效或被撤销。

（三）"依法行政"的例外

德国行政法理论和实践中存在着某些情形下，行政机关的行为或者形式上违反了法律规范，或者法律没有明确规定行政机关的事项权限，这些情形与通常理解的"依法行政"有着些许的冲突，值得关注，德国人将上述情形分别称为"有用的违法性"和"法律约束的松动"。

所谓"有用的违法性"，又可称为"功能正当的违法性"，德国行政法学者沃尔夫教授的理解是：在行政实践中，人们认可有意识不遵守行政规范的做法，因为法的价值不是绝对的；其中一些做法是，只对特定事实做原则性审查、进行协商、容忍有限的违法等，这种情况被称为"有用的违法性"。其中的一部分已经被合法化即特定的行政瑕疵不予考虑，如行政程序法第 45 条及以下等（1976年德国联邦行政程序法，第 45 条"程序和形式错误的消除"，第 46 条"程序和形式错误的后果"，第 47 条"对有缺陷行政行为的转换"）。我们认为，在资源有限的情况下，为了确保行政效率，这种做法是有必要的，因此，我们将这种情况称为"功能正当的违法性"（沃尔夫，337）。

所谓"法律约束的松动"（Lockerungen der Gesetzsbindung），是指某些情形下法律对行政权的行使提供了自由活动的"行政空间"，这种松动空间的存在在德国行政法理论上包括"不确定法律概念"（unbestimmter Rechtsbegriff）和"裁量"（das Ermessen der Verwaltung）两种情形，二者的区别是裁量的客体是法律后果，而不确定法律概念的客体是法定事实要件（毛雷尔，124，132～133；高家伟，303～305）。行政机关在使用不确定法律概念过程中享有不受法院审查的涵摄自由；裁量存在于法律没有为同一事实要件只设定一种法律后果，而是授权行政机关自行确定法律后果，或赋予其特定处理幅度，或行政机关处理同一事实要件时可以选择不同的处理方式（毛雷尔，124）。

法律约束的松动并非意味着行政机关的行为不受任何限制或约束，如依据《联邦行政程序法》（1976）第 40 条的规定，"当局被授权依据裁量活动的，必须按照授权目的行使裁量权并遵守法定的裁量范围"。同时，理论上行政机关的裁量也会存在裁量逾越、裁量怠慢、裁量滥用及裁量违反基本权利和一般行政法原则等裁量违法情形（毛雷尔，130~132）。

第四节 其他法域行政法基本原则

一、英美法系行政法基本原则

由于行政法基本原则理论具有浓厚大陆法系特色，如前述的法国、德国行政法中的依法行政原则，英美法系理论鲜有体系性的探析行政法基本原则的作品，因此，此处仅阐释英美行政法学界所公认的在其法域具有核心地位的原则或理念。

（一）英国行政法的"越权无效"

国内行政法学者张越在介绍英国行政法时，专章论述了英国行政法的基本原则，并认为其由议会至上原则、法治原则和分权原则构成；并于他处论及行政组织的基本原则为部长负责制，行政行为的基本原则是自然公正原则，越权无效则是司法救济的基本原则（张越，321~333；490~514；670~684）（但英国本土的行政法学者莱兰教授与安东尼教授则在其作品中将议会主权、权力分立和法治看作是宪法理念，参见莱兰 & 安东尼，17~28）。

依据英国牛津大学克雷格教授的理解，"越权无效"可以在两个层面进行认识，一是狭义理解，即被授权的行政机关必须或仅能够在其被授权范围内进行行为，也就是说就特定事项行政机关必须具有相应的法律能力；二是广义理解，即越权无效原则为对被授权机关行使权力进行限制提供正当理由：行政机关必须根据公正程序行为，行政机关裁量权的行使必须是为了实现正当的而非不正当的目的，行政机关的行为必须基于相关的而非不相关的考虑，行政机关的行为不能不合理（Craig，5~6）。

英国行政法理论及实践中也会涉及"合理原则"（the principle of reasonableness）和"比例原则"（the principle of proportionality）等其他原则，这些原则在基础性和重要性上能否跟"越权无效"相提并论则存在争议。

（二）美国行政法的"正当法律程序"

国内比较行政法大家王名扬教授在介绍美国行政法时，专章论述了美国行政制度的基本原则，认为其由联邦主义、分权原则、法律平等保护原则和法治原则构成（王名扬，77~121）。

"正当法律程序"（due process of law）源自美国宪法第五修正案及第十四修正案条款："未经法律的正当程序，不得剥夺任何公民的生命、自由或财产。"随着法学理论的发展，特别是最高法院的判决和解释，在美国法学界，公认正当法律程序具有两个维度：①实质性的正当程序（Substantive due process）。即正当程序要求国会所制定的法律，必须符合公平与正义。如果法律剥夺个人的生命、自由或财产，不符合公正与正义的标准，法院将宣告其无效。②程序性的正当程序（Procedural due process）。国内比较行政法大家王名扬教授则把程序性正当程序理解为，是指要求一切权力的行使在剥夺私人的生命、自由或财产时，必须听取当事人的意见，当事人具有要求听证的权利（王名扬，383）。在程序性正当程序的理论构成上，检验政府程序的适宜性，要问两个问题：①生命、自由或财产利益是否受到威胁？②为了确保公平处理，必须采取何种程序？对于正当程序，在美国语境下，简单理解，即实质性正当程序用于决定政府所能采取的具体措施；程序性正当程序则要过问政府行事的方式以及它所采用的执行机制（有关正当程序内容，可详见，刘建军，79~80）。

二、混合法系行政法基本原则

作为混合法系代表的日本、韩国和我国台湾地区，其行政法学中对于行政法基本原则理论阐释基本沿袭了大陆法系国家行政法理论内容，特别是德国行政法理论体系中的依法行政理论认识。

关于日本行政法学作品中——无论是本土的和田英夫教授、室井力教授、南博方教授、藤田宙靖法官等，还是国内杨建顺教授等——对于行政法基本原则的阐释，在用语上多为"法治行政"、"依法行政"、"依法律行政"等，在内容上则将"依法行政"分解为"法律优先"和"法律保留"两个部分。

韩国行政法学理论认识中，韩国本土的金东熙教授则使用"法治行政"来表述韩国行政法的基本原则，在内容上则仍是使用了"合宪的法律的优位"和"法律保留"两部分的看法。

我国台湾地区行政法理论体系中，关于行政法基本原则，陈清秀教授、吴庚教授及陈敏法官、陈新民法官等均使用了"依法行政原则"的概念，而且也是将该原则区分为"法律优先"和"法律保留"。具体内容均不赘述。

 本章小结

行政法基本原则是贯穿行政法规范体系的基本规范，在来源上，具有法定性和理论性双重特点，对于行政法规范的统一的解释适用起到指引约束作用，且能起到填补行政法规范漏洞的功能。不同法域行政法基本原则基于法律制度及学者理论努力的不同而呈现出不同的内容体系，以法德为代表的大陆法系以及沿袭大陆法系行政法理论的以日韩及我国台湾地区为代表的混合法系，均以依法行政作为其行政法基本原则，以英美为代表的英美法系则欠缺清晰体系性的行政法基本原则，但并非不存在指引性的"核心原则"，如英国的"越权无效"及美国的"正当法律程序"原则。

拓展阅读书目

1. ［法］古斯塔夫·佩泽尔：《法国行政法》，廖坤明、周洁译，国家行政学院出版社 2002 年版，第二章"法治原则"，第 32 ~ 55 页。

2. ［德］汉斯·J. 沃尔夫、奥托·巴霍夫、罗尔夫·施托贝尔：《行政法》（第一卷），商务印书馆 2002 年版，第三编"客观行政法"，第三章"行政合法性与裁量空间"，第 323 ~ 373 页。

3. ［德］G. 平特纳：《德国普通行政法》，朱琳译，中国政法大学出版社 1999 年版，第一部分"基础理论"，第三章"有关行政的宪法规定"，第 43 ~ 82 页。

4. 于安：《德国行政法》，清华大学出版社 1999 年版，第二章"行政法基本原则"，第 25 ~ 48 页。

5. 高家伟："论德国行政法的基本观念"，载《比较法研究》1997 年第 1 期。

6. 张越：《英国行政法》，中国政法大学出版社 2004 年版，第七编第二章"越权无效原则"，第 670 ~ 684 页。

7. ［英］彼得·莱兰、戈登·安东尼：《英国行政法教科书》，杨伟东译，北京大学出版社 2007 年版，第十二章"韦伯内斯伯里不合理与比例原则"，第 357 ~ 376 页。

8. 王名扬：《美国行政法》，中国法制出版社 1995 年版，第 77 ~ 121 页。

9. ［日］盐野宏：《行政法》，杨建顺译，法律出版社 1999 年版，第一卷第四章"日本行政法的基本原理"，第 49 ~ 60 页。

10. 杨建顺：《日本行政法通论》，中国法制出版社 1998 年版，第四章"行政与行政法""三、法治行政原理"，第 128 ~ 135 页。

11. ［韩］金东熙：《行政法Ⅰ》，中国人民大学出版社 2008 年版，第二章"行政法"第三节"法治行政"，第 22 ~ 31 页。

12. 陈清秀：第四章"依法行政与法律的适用"；载翁岳生：《行政法 2000》，

中国法制出版社 2002 年版，第 170 ~ 257 页。

13. 陈新民：《行政法学总论》，三民书局 1997 年版，第二章"通论"第五节"行政法的基本原则——依法行政原则"，第 51 ~ 58 页。

14. 吴庚：《行政法之理论与实用》，三民书局 1995 年版，第三章"行政之羁束性与自由性"，第 71 ~ 130 页。

15. 陈敏：《行政法总论》，新学林出版有限公司 2011 年版，第六章"行政之法律拘束与形成自由"，第 155 ~ 212 页。

拓展案例

一、[美国] 高德伯格诉凯利案（1970）

案件法律争议在于政府在决定终止受公共福利资助者的公共资助时，没有给其提供听证以听取其陈述意见的机会，是否违反了美国《宪法》第十四修正案的正当法律程序条款？

二、[德国] 大区政府补贴事例

德国某大区政府主席根据经济部分配纲要的规定，决定从为此目的而设立的专用款项中划拨 1 万欧元补贴给经济上面临困境的经营者海因茨，由于客观上没有规范该项补贴事宜的法律，所以，海因茨的竞争对手维德认为大区政府的补贴行为违法。如何评价该补贴行为？

思考分析题

1. 比较分析依法行政原则在法国及德国的体现及其差异性。
2. 如何理解日本、韩国及台湾地区对法国及德国依法行政原则的承继？
3. 分析理解英国越权无效原则的内容及适用。
4. 分析理解美国正当法律程序原则。
5. 分析理解我国行政法基本原则理论体系构建。

第二编
行政主体

第四章　比较立宪体制

本章导读

　　对一个法域的立宪体制的熟稔是准确理解其行使行政职权的行政组织的基础。本章首先回顾了我国《宪法》（1982）所确立的立宪体制——主要关注国家结构和国家机构两方面。以此为比照，介绍了德国、法国、日本在国家结构、国家机构等立宪体制方面的信息，并特别强调了行政组织体系在不同立宪体制中的地位与结构。

　　本章的重点和难点是对不同法域立宪体制的整体认识并识别其独特性。

必读文献

　　1.《中华人民共和国宪法》（1982）。

　　2. 德国《基本法》（1949）。

　　3. 法国《宪法》（1958）。

　　4. 美国《宪法》（1787）。

　　5.《日本国宪法》（1946）。

基础案例

［美国］美国诉尼克松案（1974）

　　1. 案件法律争议。美国总统的行政特权（Executive Privileges）司法审查。

　　2. 案件事实。时任美国总统尼克松安排下属职员利用行政职权窃听民主党全国代表大会竞选策略。事发后，总统承认窃听磁带的存在，但以行政特权为理由拒绝交出，并利用行政职权迫使参与此案调查的特别检察官考克斯教授辞职，引起民愤。

　　3. 案件判决。"仅基于保密的笼统利益而宣称的行政特权，并不能超越刑事司法中正当法律程序的基本要求。"

第一节 我国立宪体制

一、国家结构

（一）统一的单一制国家

根据我国1982年《宪法》，在国家结构形式上，我国是单一制国家；《宪法》序言第11段指出，我国是全国各族人民共同缔造的统一的多民族国家。

依据《宪法》"总纲"第3条第4款的规定，中央和地方的国家机构职权的划分，遵循在中央的统一领导下，充分发挥地方的主动性、积极性的原则。

（二）行政区划

《宪法》第30条明确规定了我国的行政区域划分，即①全国分为省、自治区、直辖市；②省、自治区分为自治州、县、自治县、市；③县、自治县分为乡、民族乡、镇。直辖市和较大的市分为区、县。自治州分为县、自治县、市。自治区、自治州、自治县都是民族自治地方。第31条规定，国家在必要时得设立特别行政区。在特别行政区内实行的制度按照具体情况由全国人民代表大会以法律规定。《宪法》序言明确了台湾是我国的神圣领土的一部分。完成统一祖国的大业是包括台湾同胞在内的全中国人民的神圣职责。在具体的行政区划数量上，共有34个省级行政单位，包括23个省、5个自治区、4个直辖市和2个特别行政区。

二、国家机构

关于国家机构——行使国家职权的组织，《宪法》"总纲"第3条规定我国的国家机构实行民主集中制的原则。

全国人民代表大会和地方各级人民代表大会都由民主选举产生，对人民负责，受人民监督。国家行政机关、审判机关、检察机关都由人民代表大会产生，对它负责，受它监督。

《宪法》第3章"国家机构"第57～135条，具体规定了我国中央与地方国家机构的具体组织形式和职权，组织形式上包括全国人民代表大会、国家主席、国务院、中央军事委员会、地方各级人民代表大会和地方各级人民政府、民族自治地方的自治机关、人民法院和人民检察院。职权配置原则上依据《宪法》"总纲"第3条第4款的规定，中央和地方的国家机构职权的划分，遵循在中央的统一领导下，充分发挥地方的主动性、积极性的原则。国家机构体系中，行政职权组织为国务院和地方各级人民政府（含民族自治地方）。

（一）国务院

根据《宪法》的规定，国务院是中央人民政府，是最高国家权力机关的执行机关，是最高国家行政机关。国务院由总理、副总理若干人、国务委员若干人、各部部长、各委员会主任、审计长、秘书长组成。国务院实行总理负责制。总理领导国务院的工作。副总理、国务委员协助总理工作。总理、副总理、国务委员、秘书长组成国务院常务会议。总理召集和主持国务院常务会议和国务院全体会议。

国务院行使下列 18 项职权：①根据宪法和法律，规定行政措施，制定行政法规，发布决定和命令；②向全国人民代表大会或者全国人民代表大会常务委员会提出议案；③规定各部和各委员会的任务和职责，统一领导各部和各委员会的工作，并且领导不属于各部和各委员会的全国性的行政工作；④统一领导全国地方各级国家行政机关的工作，规定中央和省、自治区、直辖市的国家行政机关的职权的具体划分；⑤编制和执行国民经济和社会发展计划和国家预算；⑥领导和管理经济工作和城乡建设；⑦领导和管理教育、科学、文化、卫生、体育和计划生育工作；⑧领导和管理民政、公安、司法行政和监察等工作；⑨管理对外事务，同外国缔结条约和协定；⑩领导和管理国防建设事业；⑪领导和管理民族事务，保障少数民族的平等权利和民族自治地方的自治权利；⑫保护华侨的正当的权利和利益，保护归侨和侨眷的合法的权利和利益；⑬改变或者撤销各部、各委员会发布的不适当的命令、指示和规章；⑭改变或者撤销地方各级国家行政机关的不适当的决定和命令；⑮批准省、自治区、直辖市的区域划分，批准自治州、县、自治县、市的建置和区域划分；⑯依照法律规定决定省、自治区、直辖市的范围内部分地区进入紧急状态；⑰审定行政机构的编制，依照法律规定任免、培训、考核和奖惩行政人员；⑱全国人民代表大会和全国人民代表大会常务委员会授予的其他职权。

国务院各部、各委员会实行部长、主任负责制。各部部长、各委员会主任负责本部门的工作；召集和主持部务会议或者委员会会议、委务会议，讨论决定本部门工作的重大问题。各部、各委员会根据法律和国务院的行政法规、决定、命令，在本部门的权限内，发布命令、指示和规章。

国务院设立审计机关，对国务院各部门和地方各级政府的财政收支，对国家的财政金融机构和企业事业组织的财务收支，进行审计监督。审计机关在国务院总理领导下，依照法律规定独立行使审计监督权，不受其他行政机关、社会团体和个人的干涉。

国务院对全国人民代表大会负责并报告工作；在全国人民代表大会闭会期

间，对全国人民代表大会常务委员会负责并报告工作。

（二）地方各级人民政府

省、直辖市、县、市、市辖区、乡、民族乡、镇设立人民政府，地方各级人民政府的组织由法律规定。自治区、自治州、自治县设立自治机关。地方各级人民政府是地方各级国家权力机关的执行机关，是地方各级国家行政机关。地方各级人民政府实行省长、市长、县长、区长、乡长、镇长负责制。县级以上地方各级人民政府依照法律规定的权限，管理本行政区域内的经济、教育、科学、文化、卫生、体育事业、城乡建设事业和财政、民政、公安、民族事务、司法行政、监察、计划生育等行政工作，发布决定和命令，任免、培训、考核和奖惩行政工作人员。乡、民族乡、镇的人民政府执行本级人民代表大会的决议和上级国家行政机关的决定和命令，管理本行政区域内的行政工作。省、直辖市的人民政府决定乡、民族乡、镇的建置和区域划分。

县级以上的地方各级人民政府领导所属各工作部门和下级人民政府的工作，有权改变或者撤销所属各工作部门和下级人民政府的不适当的决定。

县级以上的地方各级人民政府设立审计机关。地方各级审计机关依照法律规定独立行使审计监督权，对本级人民政府和上一级审计机关负责。

地方各级人民政府对本级人民代表大会负责并报告工作。县级以上的地方各级人民政府在本级人民代表大会闭会期间，对本级人民代表大会常务委员会负责并报告工作。地方各级人民政府对上一级国家行政机关负责并报告工作。全国地方各级人民政府都是国务院统一领导下的国家行政机关，都服从国务院。

第二节 法国立宪体制

法国宪法体系包括 1958 年《宪法》（Constitution de 1958）、1789 年《人权与公民权宣言》（Déclaration des droits de l'Homme et du Citoyen de 1789）、1946 年《宪法》"序言"部分（Préambule de la Constitution du 27 octobre 1946）及 2004 年《环境宪章》（Charte de l'environnement de 2004）。1958 年《宪法》决定了当前法国立宪体制。

一、国家结构

法国是单一制的国家结构形式。根据 1958 年《宪法》第 1 条第 1 款的规定，法国是不可分割的、世俗的、民主的和社会的共和国；法国是依据分权而组织起来的。

根据《宪法》第72条的规定，法国地方行政区划（地方行政区或地方共同体，les collectivités territoriales）由大区（les régions）、省（les départements）、市镇（les communes）、特殊地位共同体（les collectivités à statut particulier）和海外领地（les collectivités d'outre - mer régies）组成。法国共有27个大区，包括22个本土大区和5个海外大区，大区行政首长为大区长（préfet de région）；共有101个省，省长（préfet de département）为其行政首长；共有36 700个市镇，行政首长为市（镇）长（maire）。

二、国家机构

依据学界通常的认识，法国国家政权组织形式为"半总统半议会"制即兼具总统制（如美国）和议会制（如英国）政权组织形式特点。

根据1958年法国第五共和国《宪法》，法国国家机构主要包括共和国总统（Le Président de la République）、政府（Le Gouvernement）、议会（Le Parlement）、宪法委员会（Le Conseil constitutionnel）、司法机关（De l'autorité judiciaire）、高等法院（La Haute Cour）、经济社会与环境委员会（Le Conseil économique, social et environnemental）、地方共同体（Des collectivités territoriales）组成。

法国行政职权由总统和政府共同行使即"行政双头制"。

共和国总统任命总理。总统根据总理提出的政府辞呈，免除其职务。根据法国《宪法》，共和国总统根据总理的建议，任免政府的其他成员；共和国总统主持内阁会议（部长会议 le Conseil des ministres）。共和国总统是军队的统帅。总统主持最高国防会议和国防委员会。共和国总统的行为，除部分行为外，应由总理副署，并且如果情况需要，应由负责的部长副署。

根据法国《宪法》，政府决定并指导国家的政策；政府掌管行政部门和武装力量；政府依照第49条和第50条规定的条件和程序，对议会负责。

总理领导政府的活动，总理对国家防务负有责任。总理保证法律的执行。除第13条的规定外，总理行使规章制定权，并任命文职人员和军职人员。总理可以将他的某些职权委托给部长。如果情况需要，总理代替共和国总统主持第15条规定的最高国防会议和国防委员会。在特殊情况下，总理可以根据明示的委托，代替共和国总统就一定的议程主持内阁会议。如果情况需要，总理的行为应由负责执行的部长副署。

第三节　德国立宪体制

德国宪法体系由 1949 年的《德意志联邦共和国基本法》（简称《基本法》，GG 1949）（Grundgesetz für die Bundesrepublik Deutschland 1949）和 1919 年《魏玛共和国宪法》（Weimarer Reichsverfassung 1919）构成。德国《基本法》决定了当前德国的立宪体制。

一、国家结构

德国是联邦制的国家结构形式。德国《基本法》第 20 条第 1 款款明确规定："德意志联邦共和国是民主的和社会福利的联邦制国家。"（Die Bundesrepublik Deutschland ist ein demokratischer und sozialer Bundesstaat.）

德国的国家结构由"联邦"（der Bund）和"州"（die Laender 或者 Bundeslaender）组成；德国共有 16 个"州"，这些"州"又可以分为 3 个"城市州"（Stadtstaaten）——柏林、汉堡和不来梅——和 13 个"大区州"（Flaechenlaender）。基于德国历史传统和联邦制特点，各"州"的行政区划差别比较大，特别是"城市州"和"大区州"之间差别尤为显著：如作为"城市州"柏林分为 12 个"区"（Bezirke），"区"又分为 96 个"地区"（Ortsteile）；作为"大区州"巴伐利亚分为 7 个"大区"（Regierungsbezirke），71 个"县"（Landkreise）和 25 个"独立市"（"不隶属于县的市"，kreisfreie Staedte）以及 2031 个"市镇"（Gemeinden）。

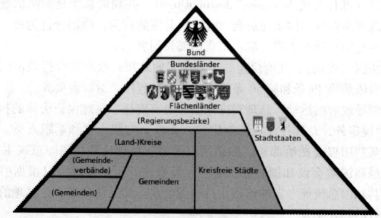

图 4-1　德国行政区划结构示意图[1]

---

[1]　参见 http://de. wikipedia. org/wiki/Deutschland［2015-02-25］.

在联邦与州的关系上，《基本法》第 30 条规定了州的权力"除基本法另有规定或允许，国家权力行使和国家职能履行由州承担"。（Die Ausübung der staatlichen Befugnisse und die Erfüllung der staatlichen Aufgaben ist Sache der Laender, soweit dieses Grundgesetz keine andere Regelung trifft oder zulaesst.）第 31 条规定，联邦法律优先权即"联邦法律优先于州法律"。（Bundesrecht bricht Landesrecht.）第 37 条规定，联邦强制权即"一州不履行本基本法或其他联邦法律所规定的联邦义务的，联邦政府经联邦参议院批准可采取必要措施，通过联邦强制权方式使该州履行其义务"。（Wenn ein Land die ihm nach dem Grundgesetze oder einem anderen Bundesgesetze obliegenden Bundespflichten nicht erfüllt, kann die Bundesregierung mit Zustimmung des Bundesrates die notwendigen Massnahmen treffen, um das Land im Wege des Bundeszwanges zur Erfüllung seiner Pflichten anzuhalten.）同时还规定，"在执行联邦强制权时，联邦政府或其委托人有权向各州及其行政机关发布指令"。（Zur Durchführung des Bundeszwanges hat die Bundesregierung oder ihr Beauftragter das Weisungsrecht gegenüber allen Laendern und ihren Behaerden.）

二、国家机构

《基本法》第 20 条第 2 款规定，"所有国家权力来自人民。通过公民选举和投票并以立法、行政和司法机关行使国家权力"。（Alle Staatsgewalt geht vom Volke aus. Sie wird vom Volke in Wahlen und Abstimmungen und durch besondere Organe der Gesetzgebung, der vollziehenden Gewalt und der Rechtsprechung ausgeübt.）第 3 款规定，"立法应遵循宪法秩序，行政和司法应遵守正式法律和其他法律规范"。（Die Gesetzgebung ist an die verfassungsmaeβige Ordnung, die vollziehende Gewalt und die Rechtsprechung sind an Gesetz und Recht gebunden.）

根据德国《基本法》的规定，德国国家机构包括联邦议会（der Bundestag）与联邦参议院（Der Bundesrat）、联席委员会（Gemeinsamer Ausschuss）、联邦总统（Der Bundespraesident）、联邦政府（Die Bundesregierung）以及联邦立法（Die Gesetzgebung des Bundes）、行政（Die Ausführung der Bundesgesetze und die Bundesverwaltung）与司法机构（Die Rechtsprechung）等。

根据德国《基本法》的规定，联邦总统不得兼任政府成员，也不得兼任联邦或州的立法机构的成员。联邦总统发布的命令和指令需经联邦总理或主管部长副署方可生效。联邦总统任命联邦公务员。

联邦政府由联邦总理和联邦各部部长组成。联邦总理根据联邦总统提名，由联邦议院不经讨论而选举产生。联邦各部部长由联邦总统根据联邦总理的提名予以任免。联邦总理确定政策准则并对此承担责任。在该政策准则范围内，联邦各部部长独立领导各自主管部门工作并承担责任。联邦各部部长之间产生意见分歧的，由联邦政府予以裁决。联邦总理根据联邦政府通过的并经联邦总统批准的议事规则领导联邦政府的工作。联邦国防部长对武装部队拥有命令权和指挥权。

第四节　美国立宪体制

美国基于其《美利坚合众国宪法》（1787）而建立起立宪体制。美国是联邦制和总统制民主共和国。

一、国家结构

根据美国《宪法》的规定，"为了建立一个更完美的联邦"，美国采纳了联邦制国家机构形式，由联邦和州（50 个州和华盛顿特区）组成。《宪法》第 1 条第 8~10 款对于联邦与州之间的权限进行了划分。

二、国家机构

根据美国《宪法》，第 1~3 条的规定，美国国家机构主要是立法机关——国会、行政机关——总统和司法机关——最高法院。美国《宪法》第 1 条第 1 款规定，"本宪法所授予的各项立法权，均属于由参议院和众议院组成的合众国国会"。第 2 条第 1 款规定，"行政权属于美国总统"。第 3 条第 1 款规定，"合众国的司法权，属于最高法院以及国会随时规定和设立的低级法院"。

其中，关于总统，美国《宪法》第 2 条第 2 款规定，"总统为合众国陆海军总司令"，以及经参议院建议和同意，总统有缔结条约权，有权任命外交官员、最高法院法官及其他合众国官员。

第五节　日本立宪体制

日本的立宪体制决定于1946 年《日本国宪法》（因该法第 9 条明确规定放弃战争，故又被称为"和平宪法"）。

一、国家结构

根据《日本国宪法》的规定，在国家机构形式上，日本是单一制国家。

《日本国宪法》第八章专章规定了地方自治：第 92 条规定，"关于地方公共团体的组织及运营事项，根据地方自治的宗旨由法律规定"；第 93 条规定，"地方公共团体根据法律规定设置议会为其议事机关。地方公共团体的首长、议会议员以及法律规定的其他官吏，由该地方公共团体的居民直接选举"；第94条则规定，"地方公共团体有管理财产、处理事务以及执行行政的权能，得在法律范围内制定条例"。

根据地理、人文等要素，日本国土通常划分为8个"地方"：北海道、東北地方、関東地方、中部地方、近畿地方、"中国"地方、四国地方、九州地方；在行政区划上，根据日本《地方自治法》（1947年），全国分成47个一级行政区，称为"都道府县"，分别为1都、1道、2府、43县。[1]

二、国家机构

根据《日本国宪法》的规定，在政权组织形式上，日本是立宪议会君主制国家。

《日本国宪法》第一章专章规定了"天皇"：天皇是日本国的象征，是日本国民整体的象征，其地位以主权所在的全体日本国民的意志为依据（第1条）；天皇皇位世袭，根据国会议决的皇室典范的规定继承（第2条）；天皇有关国事的一切行为，必须有内阁的建议和承认，由内阁负其责任（第3条）；天皇根据国会的提名任命内阁总理大臣，根据内阁的提名任命最高法院院长（第6条）；天皇根据内阁的建议与承认，为国民行使特定的国事行为（第7条）。

根据《日本国宪法》的规定，国家机构包括天皇、国会、内阁、司法、财政等。

关于内阁，《日本国宪法》规定，行政权属于内阁；内阁按照法律规定由其首长内阁总理大臣及其他国务大臣组成之；内阁总理大臣及其他国务大臣必须是文职人员；内阁行使行政权，对国会共同负责。内阁除执行一般行政事务外，执行下列各项事务：诚实执行法律，总理国务；处理外交关系；缔结条约，但必须在事前，或根据情况在事后获得国会的承认；按照法律规定的准则，掌管有关官吏的事务；编制并向国会提出预算；为实施本宪法及法律的规定而制定政令。但在此种政令中，除法律特别授权者外，不得制定罚则；决定大赦、特赦、减刑、免除刑罚执行及恢复权利。

关于内阁大臣与内阁总理大臣，内阁总理大臣任命国务大臣。但其中半数以上人员必须在国会议员中选任。内阁总理大臣可任意罢免国务大臣。内阁总理大臣代表内阁向国会提出议案，就一般国务及外交关系向国会提出报告，并指挥监督各行政部门。法律及政令均由主管的国务大臣署名，并必须有内阁总理大臣的

---

〔1〕　另可参见 https：//www. lasdec. or. jp/cms/1，0，69. html〔2015 - 02 - 26〕.

联署。

　　关于内阁与议会，内阁在众议院通过不信任案或信任案遭到否决时，如10日内不解散众议院必须总辞职。内阁总理大臣缺位，或众议院议员总选举后第一次召集国会时，内阁必须总辞职。发生前两条情况时，在新的内阁总理大臣被任命之前，内阁继续执行职务。

本章小结

　　我国是统一多民族的单一制国家，人民代表大会制度是我国的根本政治制度，其他国家机关由人民代表大会选举产生。德国是联邦制国家，议会、总统、总理等是其核心国家机关。法国是单一制国家，国家权力组织形式上是总统议会制国家。美国是联邦制和总统制的民主共和国。日本是单一制国家，在政权组织上具有立宪君主制特点。

拓展阅读书目

　　1. ［德］黑塞：《联邦德国宪法纲要》，李辉译，商务印书馆2007年版，第三编"机关与权限"，第443~504页。

　　2. ［日］芦部信喜：《宪法（第3版）》，林来梵等译，北京大学出版社2006年版，第三部分"统治机构"，第251~326页。

　　3. 赵宝云：《西方五国宪法通论》，中国人民公安大学出版社1994年版，第三章"法国宪法"第五节"第五共和国宪法"，第259~280页；第一章"美国宪法"，第1~127页。

　　4. 张千帆：《西方宪政体系：美国宪法》（上册），中国政法大学出版社2000年版。

拓展案例

［美国］迈尔斯诉美国案（1926）

　　1. 案件法律争议。美国总统免除联邦官员职务是否需要参议院允许？因为美国曾在1876年出台过一部法律要求总统在作出免职决定时需要获得参议院批准。该法律效力如何？

　　2. 案件事实。1920年时任美国总统的威尔逊命令解除迈尔斯邮政局长的职务，但无参议院批准。

3. 案件判决。最高法院判决认为：①1876 年的法律违宪而无效；②总统享有任命、解除官员的绝对权力是履行其职责的需要。

思考分析题

1. 德国联邦政府与其他国家机关之间的关系如何？
2. 分析法国的总统与政府在立宪体制中的位置。
3. 分析日本的内阁与国会及天皇等国家机关的关系。

第五章　比较行政组织

本章导读

　　行政组织是行政职权的承担者，不同法域下行政组织体系具有差异性。本章首先回顾了我国行政组织体系，包括行政机关、法律法规规章授权组织和受委托组织。在此基础上介绍分析了法国行政组织体系，包括中央国家行政机关、地方国家行政机关、地方行政区组织和公共设施；德国行政组织，包括直接国家行政和间接国家行政；日本的行政组织体系，包括国家行政组织、地方行政组织、公法设施。

　　本章重点是不同法域下行政组织体系构成与我国行政组织体系的比较；难点是"公法人"、"公共设施"的理论与制度。

必读文献

　　1. ［法］让·里韦罗、让·瓦利纳：《法国行政法》，商务印书馆 2008 年版，第一卷"行政行为实施机构"，第 47～326 页。

　　2. 王名扬：《法国行政法》，中国政法大学出版社 1988 年版，第二章"行政组织"，第 39～133 页。

　　3. ［德］哈特穆特·毛雷尔：《行政法学总论》，高家伟译，法律出版社 2000 年版，第六编"行政组织"，第二十一章"行政组织法的基本结构"、第二十二章"直接国家行政概述"、第二十三章"间接国家行政"，第 498～590 页。

　　4. ［日］盐野宏：《行政法》，杨建顺译，法律出版社 1999 年版，第四编第一部"行政组织法"，第 527～682 页。

基础案例

［美国］机动车制造商协会诉国家农场保险公司案（1983）

　　1. 案件法律争议。行政机关（交通部长）取消自身制定的汽车被动安全装置标准（如安全带、气囊、控制发动机点火的安全带等）是否合法。

2. 案件事实。1981 年时任美国交通部长的刘易斯宣布将汽车被动安全装置标准推迟 1 年并最终取消该标准，国家农场保险公司不服该行为。

3. 案件判决。最高法院认为，刘易斯部长的取消决定"随心所欲"，并决定由其重新召开听证会来决定该标准问题。

第一节　我国行政组织

根据我国《宪法》、宪法性法律（如《国务院组织法》及《地方政府组织法》等）及其他法律规定，行政法学界通常认为我国行政组织体系由"行政机关"、"法律、法规、规章授权组织"和"受委托组织"三部分组成。

一、"行政机关"

行政机关是指国家机构体系中行使行政职权的机构，包括前文提及的《宪法》中规定的国务院和地方各级人民政府，还包括国务院组成部门（部、委、审计署、中国人民银行和具有行政管理职能的直属机构）、县级以上地方各级人民政府组成部门（厅、局等）。

二、"法律、法规、规章授权组织"

国内行政法学界通常将"法律、法规、规章授权组织"理解为依具体法律、法规、规章授权而行使特定行政职能的非国家行政机关组织（参见姜明安，114）。"法律、法规、规章授权组织"应具备三个要件：①组织体，而且依据制定法的规定，该组织应为"具有管理公共事务职能的组织"；②非行政机关性质的组织；③具有明确授权依据，即具有明确的法律、法规或规章授权行使特定行政职能。在外在的表现形式上，"法律、法规、规章授权组织"通常为基层群众自治组织、行业组织、人民团体及社会团体、内设机构及派出机构等。

值得关注的是关于授权组织的授权依据有一个变迁、扩展的过程：

（一）"法律、法规授权组织"

我国《行政诉讼法》（1989，已修改）曾于第 25 条第 4 款规定"由法律、法规授权的组织所作的具体行政行为，该组织是被告"，提出了"法律、法规授权组织"的概念，随后该概念在其他单行法中被引用：如《行政处罚法》（1996）第 17 条规定，法律、法规授权的具有管理公共事务职能的组织可以在法定授权范围内实施行政处罚；《行政许可法》（2003）第 23 条规定，"法律、法规授权的具有管理公共事务职能的组织，在法定授权范围内，以自己的名义实施行政许可。被授权的组织适用本法有关行政机关的规定"。

（二）"法律、法规、规章授权组织"

"法律、法规、规章授权组织"这一概念最早出现在最高人民法院的司法解释中，《最高人民法院关于执行〈中华人民共和国行政诉讼法〉若干问题的解释》（2000）第 20 条第 3 款规定，"法律、法规或者规章授权行使行政职权的行政机关内设机构、派出机构或者其他组织，超出法定授权范围实施行政行为，当事人不服提起诉讼的，应当以实施该行为的机构或者组织为被告"。第 21 条规定，"行政机关在没有法律、法规或者规章规定的情况下，授权其内设机构、派出机构或者其他组织行使行政职权的，应当视为委托。当事人不服提起诉讼的，应当以该行政机关为被告"。

若干年后，在《行政诉讼法》2014 年修改时才将司法解释中的规定上升为法律条款：《行政诉讼法》（2014）第 2 条第 1 款规定："公民、法人或者其他组织认为行政机关和行政机关工作人员的行政行为侵犯其合法权益，有权依照本法向人民法院提起诉讼。"第 2 款规定："前款所称行政行为，包括法律、法规、规章授权的组织作出的行政行为。"

三、"受委托组织"

"受委托组织"通常理解为受行政机关委托，以委托行政机关的名义，行使一定行政职权的非国家机关组织（姜明安，121）。

"受委托组织"应该具备如下要件：

1. 是组织体，而且应该是具有管理公共事务职能的组织，在外在表现形式上，该组织体可以是事业组织，可以是行政机关，甚至是行政机关的内设机构、派出机构、临时机构（"视为委托"）等（可对比，姜明安，121～122）。

"受委托的事业组织"，如《行政处罚法》（1996）第 18 条第 1 款规定，行政机关依照法律、法规或者规章的规定，可以在其法定权限内委托符合本法第 19 条规定条件的组织实施行政处罚。行政机关不得委托其他组织或者个人实施行政处罚。《行政处罚法》第 19 条又对受委托组织必须符合的条件作出规定：①依法成立的管理公共事务的事业组织；②具有熟悉有关法律、法规、规章和业务的工作人员；③对违法行为需要进行技术检查或者技术鉴定的，应当有条件组织进行相应的技术检查或者技术鉴定。

"受委托的行政机关"，如《行政许可法》（2003）第 24 条第 1 款规定，行政机关在其法定职权范围内，依照法律、法规、规章的规定，可以委托其他行政机关实施行政许可。委托机关应当将受委托行政机关和受委托实施行政许可的内容予以公告。

"行政机关的内设机构、派出机构、临时机构",如《最高人民法院关于执行〈中华人民共和国行政诉讼法〉若干问题的解释》(2000)第 21 条规定,行政机关在没有法律、法规或者规章规定的情况下,授权其内设机构、派出机构或者其他组织行使行政职权的,应当视为委托。当事人不服提起诉讼的,应当以该行政机关为被告。该司法解释第 20 条第 1 款还规定,行政机关组建并赋予行政管理职能但不具有独立承担法律责任能力的机构,以自己的名义作出具体行政行为,当事人不服提起诉讼的,应当以组建该机构的行政机关为被告;第 2 款规定,行政机关的内设机构或者派出机构在没有法律、法规或者规章授权的情况下,以自己的名义作出具体行政行为,当事人不服提起诉讼的,应当以该行政机关为被告。

2. "受委托组织"接受委托后禁止其再委托。如《行政许可法》(2003)第 24 条第 3 款规定,受委托行政机关在委托范围内,以委托行政机关名义实施行政许可;不得再委托其他组织或者个人实施行政许可。

3. 委托机关应对"受委托组织"的行为承担法律责任。如《行政许可法》(2003)第 24 条第 2 款规定,委托行政机关对受委托行政机关实施行政许可的行为应当负责监督,并对该行为的后果承担法律责任。《行政诉讼法》(2014)第 26 条第 5 款也规定,"行政机关委托的组织所作的行政行为,委托的行政机关是被告"。

4. 委托机关行使委托权必须具有规范依据即法律、法规、规章的规定。如《行政处罚法》(1996)第 18 条第 1 款规定,行政机关依照法律、法规或者规章的规定,可以在其法定权限内委托符合本法第 19 条规定条件的组织实施行政处罚;《行政许可法》(2003)第 24 条第 1 款规定,行政机关在其法定职权范围内,依照法律、法规、规章的规定,可以委托其他行政机关实施行政许可。

第二节 法国行政组织

法国本土行政法学者里韦罗教授认为,在法国行使政职权的组织(其称为"行政行为实施机构",参见,里韦罗,47)可以根据法律依据的性质不同,区分为公法机构和私法机构,前者为核心。公法机构又可以区分为:一是国家行政,包括中央国家行政机关和地方国家行政机关;二是专门行政法人,包括地方行政区、公立公益机构、其他专业法人（里韦罗，47～326）。国内王名扬教授在介绍法国行政组织时，则将其区分为三个方面：一是国家行政组织，包括中央行政机关、地方行政机关；二是地方团体行政组织；三是公务法人（王名扬，39～133）。分析总结起来，法国行政组织应该包括如下四个部分：中央国家行政机关、地方国家行政机关、地方行政区组织和公共设施。

一、中央国家行政机关

法国的中央国家行政机关包括共和国总统、总理、部长及独立的中央行政机构。

根据《宪法》，法国最高行政权由共和国总统和总理分享，这种体制被称为"行政双头制"（le bicéphalisme administratif）；总统享有签署内阁会议（部长会议）通过的政令、规章条例，任命军官和公务员，紧急状况下采取特定措施的权力；总理的职权主要包括领导政府的活动、保证法律的执行、任命文职和军职人员等。

部长的行政职权主要体现在其可以组建办事机构、管理下属职员、下达指令、变更下属决定、制定规章、下达部令等权力。

独立的中央行政机构在地位上独立于部长，行政自由，包括全国信息自由委员会、竞争委员会、金融市场监管局、通讯自由全国委员会等机构。

二、地方国家行政机关

地方国家行政机关行使国家行政职权与法国立宪体制中的"权力下放"（la déconcentration）有关。

法国的地方国家行政机关主要是指地方行政区划体系中的大区、省、市镇的行政首长即大区长、省长、市长。

大区长通常由大区首府所驻省的省长兼任，是国家政权的受托人，负责维护国家利益和执行法律，并在大区内代表总理和部长（里韦罗，98）；大区长设大区行政委员会为其咨询机构，大区长的办事机构包括大区事务秘书长、特派员等。

省长是国家在各省的代表，是政府代表，是国家行政系统中的一个普通行政机关（维持本身公共秩序、监督本省和省属市镇的行政系统、促进公共利益），是省级行政部门首脑（领导本身所有的国家行政部门，确保各种权力下放部门行动协调）。

市长必要时以国家官员名义行为，受省长管辖。

三、地方行政区组织

法国地方行政区组织行使一定的行政职权与法国立宪体制中的"地方分权"

（la décentralisation）有关。

根据法国学者里韦罗教授的介绍，法国地方行政区的组织结构较为简单：有一个普选产生的议会以及议会内部遴选当地的行政机关成员（里韦罗，136）。

大区地方组织主要由作为审议机构的大区议会（le conseil régional）、作为大区议会执行者的大区议会议长（主席）（le président du conseil régional）以及作为咨询机构的大区经济社会委员会（理事会）（le comité économique et social）组成；其中，大区议会有权以其审议、决定掌控大区事务，有权促进大区的经济、社会、文化、卫生和科技的发展以及国土的整治，并在尊重各省、市镇的完整、自治和权限的前提下，确保大区的一致。

省地方组织由省议会（le conseil général）和作为其执行者的省议会议长（le président du conseil général）组成；其中，省议会有权以决议来处理本省范围内的各种事务，具体如省级公立公益机构的建立和组织、预算表决、社会和公共卫生方面的职责、省级灾难救援机构等。

法国市镇具有"古、多、小"的特点，市镇地方组织由市镇议会（le conseil communal）和市镇长（le maire）组成；市镇议会有权处理市镇的各项事务，具体如制订发展计划及住宅规划等、表决市镇预算、干预经济活动、设立和组织市镇公益机构、市镇人事管理、市镇财产经营管理等。

四、公共设施

（一）公共设施的概念与性质

在法国行政法中，公共设施［le établissement public，或译"公立公益机构"（里韦罗，229）、"公务法人"（王名扬，127）］是指以经营管理一种公用事业为宗旨的公法法人（里韦罗，229）。

据此理解，"公共设施"的性质可以作如下表述：

1. 具备法人地位，即其是权利主体，拥有可支配的资产，财务自理，在业务经营中有一定独立性。

2. 公法法人（personne morale de droit public），即受公法管辖，区别于私法管辖的私法法人。

3. 经营公用事业的公法法人（service public），即其是一种专门性法人，职权局限于经营管理法律设定的公用事业，须严格服从专门性原则。

（二）公共设施的设立标准

"公共设施"的设立通常要遵循两个基本准则：一是前面提及的"专门性"原则即特定的公用事业；二是必须有特定具体的法律依据，通常该法律为特别单行法。

（三）公共设施的类别

在"公共设施"的类别上，根据里韦罗教授的分析，其可以区分为：

1. "行政性公共设施"（établissement public à caractère administratif），该类公共设施往往涉及社会福利、公众健康服务、环境保护、金融服务等公用事业，如巴黎公共救济事业局、滨海地带保护局、医院、蓬皮杜国家文化艺术中心、储蓄银行等。

2. "（科学）文化性公共设施"（établissement public à caractère culturel），该类公共设施主要涉及文化教育事业，如大学等。

3. "工商性公共设施"（établissement public à caractère industriel et commercial），如国营企业（les entreprises publiques）等。前两类公共设施受行政法支配，由行政法官管辖（里韦罗，229~245）。

（四）公共设施与公益私营企业

值得一提的是，在法国公用事业服务供给中，并非一概由公法法人资格的"公共设施"来提供，实践中也可以由"公益私营企业"（le entreprise d'intérêt général）来提供，此即所谓的公用事业特许经营，这时的公用事业服务者的身份就是承担公用事业任务的私法人（里韦罗，302，317，321）。

第三节　德国行政组织

关于德国行政组织体系，根据德国毛雷尔教授的分析，其由"直接国家行政"和"间接国家行政"组成；前者包括联邦行政组织、州行政组织，后者包括公法团体、公法设施、公法基金会、被授权人（毛雷尔，498~590）。另一位德国行政法学者沃尔夫教授也采取了基本相同的分析框架，即认为公共行政的组织形式可以分为"部位行政"和"间接国家行政"；后者又包括公法团体、公法设施、公法基金会（沃尔夫，1~733）。此处遵循毛雷尔教授的分析框架，按照行政职权行使组织是否为国家行政机关区分为直接和间接国家行政两大类型。

一、直接国家行政（unmittelbare Staatsverwaltung）

所谓"直接国家行政"，是指行政职权由国家行政机关行使，基于德国联邦制国家结构行使，因而其又可以分为联邦行政机关（Bundesverwalungsorganisation）和州行政机关（Laenderverwaltungsorganisation）。

（一）联邦行政机关（Bundesbehoerden）

"联邦行政机关"可以根据其官僚体系中的级别区分为"联邦最高行政机

关"（Bundesoberstebehoerden）和"联邦高级行政机关"（Bundesoberbehoerden）；前者可以包括联邦政府（Bundesregierung）、联邦总理（Bundeskanzlerin）、联邦部长（Bundesministerien）、联邦审计署（Bundesrechnungshof）、联邦银行（Bundesbank）等，后者可以包括联邦刑事局（Bundeskriminalamt，BKA）、联邦宪法保护局（Bundesamt für Verfassungsschutz）、德国专利局（Deutsche Patent – und Markenamt）等。

（二）州行政机关（Landesbehoerden）

"州行政机关"也可以按照其在行政机关体系中的级别进行划分，即"州最高行政机关"（Landesoberstebehoerden）、"州高级行政机关"（Landesoberbehoerden）、"州中级行政机关"（Landesmittlerebehoerden）和"州基层行政机关"（Landesunterebehoerden）。

1. "州最高行政机关"——以拜仁州为例，下同——通常包括州政府（Staatsregierung）、州长（Ministerpraesident）、部长（Staatsministerien）（如拜仁州有包括拜仁州内政部长 Bayerisches Staatsministerium des Innern 在内的 9 位部长）。

2. "州高级行政机关"主要是受州部长领导、分管涉及全州某一方面专业事务的机关，如拜仁州统计厅（Bayerisches Landesamt für Statistik und Datenverarbeitung）、拜仁州宪法保护厅（Bayerisches Landesamt für Verfassungsschutz）、拜仁州警察厅（Die Bayerische Polizei）等。

3. "州中级行政机关"主要指"大区"（Regierungsbezirke）的行政机关，包括如"上拜仁大区政府"（Regierung von Oberbayern）、"上拜仁大区政府主席"（Regierungspraesident）等。

4. "州基层行政机关"主要指"县"、"不属县的市"、"大县市"等行政机关，如"县长"（Landrat）等。

值得注意的是，根据毛雷尔教授的介绍，德国在乡镇一级不存在国家行政机关，凡涉及乡镇的国家行政事务由乡镇作为授权事务执行（毛雷尔，535）。

二、间接国家行政（mittelbare Staatsverwaltung）

根据毛雷尔教授的分析，间接国家行政是指国家不通过自己的行政机关自行执行行政任务，而是授权或委托其他法律上具有权利能力的组织执行（毛雷尔，546）。这些组织通常是由联邦或州设立并监督、执行国家行为的公法行政单位，主要包括公法团体（Koerperschaft des oeffentlichen Rechts）、公法设施（Anstalt des oeffentlichen Rechts）、公法基金会（Stiftungen des oeffentlichen Rechts）、被授权人（Beliehner）。

（一）公法团体

"公法团体"是指通过国家主权行为设立、具有权利能力、以社员形式组织起来的公法组织，其在国家监督下执行公共任务。公法团体在特征上表现为由国家主权行为设立、具有权利能力、具有一定成员和任务、公法性质并受国家监督（毛雷尔，572～577）。公法团体代表性组织如工商业协会、律师协会、高等学校学生会等。

（二）公法设施

在德国行政法中，"公法设施"是指行政主体设立用于实现特定公共目的的资金、财务和人员的组合体（毛雷尔，577；沃尔夫，第三卷，234）。公法设施是公共行政的物质组织形态，主要活动领域为给付行政。公法设施的特征体现在其是由行政工作人员和物质手段（大楼、设施、技术设备）共同组成的独立行政机构；其应当执行特定的与其目的相应的行政任务特别是给付任务；通常具有使用人即通过反复或持续进行的使用关系而接受设施所提供服务的人。具有完全权利能力的公法设施典型代表是公法上的广播电台（毛雷尔，577～581）。

（三）公法基金会

"公法基金会"是指依据公法，投资人为实现特定目的而投资（资金或财物）成立的具有权利能力的行政组织；公法基金会在特征上体现为其是行政主体、具有特定的行政任务目的、具有用益人（受益人）、受国家监督（毛雷尔，581）。公法基金会的代表如普鲁士文化财产基金会（Stiftung Preussischer Kulturbesitz）等。

（四）被授权人

"被授权人"是指以自己的名义接受授权、以主权方式执行特定行政任务的私人，包括个人或私法法人。被授权人在公法上的特征体现为其与授权行政主体之间存在的是公法授权关系，该关系通过法律和具体授权行为而确定；其在被授权范围内可以独立地以自己名义实施主权行为，是独立的行政主体；授权的目的是通过授权，国家或其他行政主体可以利用私人特别是私有企业的专业知识、创造性、技术设备、资金财产等来减轻行政主体负担（毛雷尔，582～583）。

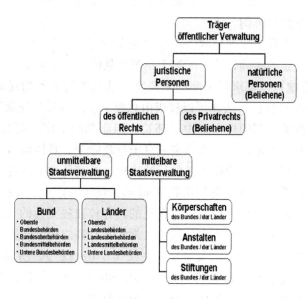

图5-1 德国行政组织示意图[1]

第四节 美国行政组织

在美国立宪体制下，广义的政府组织包括立法机关、行政机关和司法机关；狭义的政府组织即行使行政职权的组织。在联邦层面上，包括总统及总统行政办公室、内阁、部、独立管制机构等。

一、总统行政办公室与内阁

关于总统的职权，前章已介绍，不赘述。总统行政办公室（或译为"总统的执行机构"）（the executive office of the president）是总统的幕僚机构和办事机构。总统可以根据需要，以行政命令（executive order）的形式在该机构内部设置新的单位。总统办公厅和管理与预算局是其中最重要的机构。

内阁是总统的咨询机构。虽然该机构没有宪法依据，也没有其他任何法律规定，纯粹是依据行政或政治惯例而建立，但该机构的组成人员往往是负责某一方面实际政府工作的官员，所以"内阁构成美国行政系统的一部分"（王名扬，

---

〔1〕 参见 http：//de. wikipedia. org/wiki/Deutschland ［2015 -02 -25］.

163)，而且其主要实际功能是政府官员向总统提供信息的平台。

二、部与独立管制机构

在总统监督下执行法律的行政机关中最主要的是部。根据美国《宪法》，虽然没有关于部的设立的明确条款，但第 2 条第 2 款的规定明确了"部"这种行政机关的存在，"总统可以要求每个部的主要官员就其主管事务的任何问题提出书面意见"；"对于低级官员，法律可以授权由总统、法院或部长任命"。

部是独任制机关，部的权力集中于部长，因而部的工作由部长领导并负责。通常来讲，部长的权力来源于法律规定或总统行政命令。具体而言，部长权力包括任免下级官员、制定本部管辖事务的行政法规、受理行政上诉等。

在美国行政实践中，独立管制机构（administrative agency）往往是为了控制某一方面的经济或社会事务而根据法律设立的具有较强独立性的行政组织。这种独立性体系在于其，根据授权成立的法律，常常具有独立的制定普遍规则或标准的权力（"立法权"）、执行权以及争议解决权（"司法权"），所以，在美国也常有人称之为美国《宪法》所确立的三大部门之外的"第四部门"。独立管制机构的代表如州际商业委员会、环保局、职业安全与健康局等。

独立管制机构在美国行政实践中发挥重要作用，是行政性管理职权的主要承担者。从另外一个角度来说，在某种意义上，美国行政法的兴起与发展与其独立管制机构的产生及发展具有极大的关联和互动关系。

第五节 日本行政组织

一、日本行政组织构造体系

日本行政法学者常对"行政组织"理论着墨甚多，在体系架构上有相同之处，亦有差异之处。

南博方教授的理论中，行政组织应包括行政主体、行政机关、国家的行政组织、地方自治组织、公务员、营造物（公共设施）。

室井力则将行政体（行政主体）、行政机关、国家行政组织（内阁、内阁统辖下的行政组织、会计检查院）、地方公共团体、其他行政体、公务员作为行政组织的构成部分。

盐野宏是将行政组织、公务员和公物看作行政手段的三个重要组成部分，其中，行政组织又包括国家行政组织（内阁、内阁统辖下的行政机关、特别行政主体、委任行政）和地方自治组织（地方公共团体）。

和田英夫则将行政组织的体系分为国家行政组织（内阁、内阁统辖下的行政机关、警察行政组织、独立的行政机关）、地方自治行政组织（地方公共团体）、特殊行政组织、公务员（行政活动中的人的因素）、公物或营造物（行政活动中的物的手段）。

国内行政法学者杨建顺教授在介绍日本行政组织时，较简洁地分析了国家行政组织、地方公共团体行政组织和公务员制度。

分析总结起来，日本行政法学中的行政组织体系包括国家行政组织、地方自治行政组织、公务员和公共设施。

二、国家行政组织

根据《日本国宪法》、《内阁法》、《国家行政组织法》的规定，日本国家行政组织主要包括内阁、内阁统辖下的行政组织、独立行政机关。

（一）"内阁"

《日本国宪法》第五章专章规定了日本内阁：行政权属于内阁（第65条）。

内阁按照法律规定由首相及其他国务大臣组成，首相及其他国务大臣必须是文职人员，内阁行使行政权，对国会共同负责（第66条）。

根据《内阁法》及其他法律，内阁辅助部局主要包括内阁官房（《内阁法》）、内阁法制局（《内阁法制局设置法》）、安全保障会议（《安全保障会议设置法》）、人事院（《国家公务员法》）等。

（二）"内阁统辖下的行政组织"

根据日本《国家行政组织法》，内阁统辖下的行政组织主要是指"三条机关"即府、省、委员会（厅）。

"府"即总理府（《总理府设置法》）。

"省"是指总务省、法务省、外务省、财务省、文部科学省、厚生劳动省、农林水产省、经济产业省、国土交通省、环境省、防卫省等11个省。

"委员会（厅）"，被称为"外局"，如公正交易委员会（受总理府领导，依据《垄断禁止法》而设立）、司法考试管理委员会（受法务省领导，依据《司法考试法》而设立）等以及受总理府领导的"防卫厅"、受运输省领导的"海上保安厅"等。

内阁统辖下的行政组织还包括"内局"，如局、官房、部、科、室等；"附属机关"，如审议会类（税制调查会）、设施类（研究所、国立大学、监狱等）、特别机关类（日本学士院、日本艺术院），以及"地方支分部局"。

（三）独立的行政机关

"独立的行政机关"主要指人事院、会计检查院（《会计检查院法》）等。

三、地方自治行政组织

"地方自治行政组织"即地方公共团体，主要根据《日本国宪法》、《地方自治法》而设立；盐野宏教授认为地方公共团体要具备地域、居民、法人资格三要素（盐野宏，609）。地方公共团体可以分为"普通地方公共团体"，如都、道、府、县、市、町、村等和"特别地方公共团体"，如特别区、地方公共团体组合、财产区、地方开发事业团等。

四、公务员

"公务员"依据《日本国宪法》、《国家公务员法》、《地方公务员法》而存在，包括作为国家勤务者的国家公务员和作为地方公共团体勤务者的地方公务员。

五、公共设施

在日本行政法中，"公共设施"亦称"公物"，依据公物管理法而存在，包括国家公物管理法如《道路法》、《都市公园法》、《河川法》、《海岸法》、《国有财产法》等和地方公共团体公物管理法。

六、行政机关与行政厅

另需关注的是日本行政法学中与行政组织相关的两个概念即"行政机关"与"行政厅"的界分使用：前者是与《国家行政组织法》相关，包括府、省、委员会、厅等，指向行政的内部管理；后者与《行政案件诉讼法》、《行政不服审查法》、《行政代执行法》相关，指向国家和国民之间的关系（杨建顺，249～250）。

 本章小结

在我国行政法学中，行政组织体系通常包括行政机关、法律法规规章授权组织和受委托组织。以此为分析基础，法国行政法学中行政组织体系包括中央国家行政机关、地方国家行政机关、地方行政区组织和公共设施；德国行政法学中，行政组织则包括直接国家行政和间接国家行政，前者包括联邦国家行政和州国家行政，后者包括公法设施、公法团体、公法基金会和被授权人；日本行政法学中的行政组织体系由国家行政组织、地方行政组织、公法设施组成。

拓展阅读书目

1．［法］古斯塔夫·佩泽尔：《法国行政法》，廖坤明、周洁译，国家行政学院出版社 2002 年版，第二部分"行政组织"，第一编"公法法人概论"、第二编"国家行政机构"、第三编"地方行政机构"、第四编"公共机构"，第 97 ~ 179 页。

2. ［德］汉斯·J. 沃尔夫、奥托·巴霍夫、罗尔夫·施托贝尔：《行政法》（第三卷），商务印书馆 2002 年版，第九编"行政组织法概论"，第一章 ~ 第六章，第 1 ~ 733 页。

3. ［德］G. 平特纳：《德国普通行政法》，朱琳译，中国政法大学出版社 1999 年版，第二章"行政的结构和划分"，第 15 ~ 42 页。

4. 杨建顺：《日本行政法通论》，中国法制出版社 1998 年版，第二编"行政组织法"，第 213 ~ 290 页。

拓展案例

［美国］克林顿诉纽约市案（1998）

1. 案件法律争议。总统根据《单项条款否决法》（1996）的授权取消了《平衡预算法》和《纳税人救济法》中的条款。该做法是否合法？

2. 案件事实。《单项条款否决法》（1996）授权总统可以"全部取消"法律中的三类条款：一是任何自主预算权的金额；二是任何新指示开支款项；三是有限的税收利益。1997 年时任美国总统的克林顿分别取消了《平衡预算法》和《纳税人救济法》中的部分条款。受该取消行为影响的当事人质疑该行为的合宪性。

3. 案件判决。最高法院判决认为，《单项条款否决法》（1996）授权总统可以"全部取消"法律中的三类条款的规定违背了《宪法》第 1 条第 7 款的规定（关于征收法案）。

思考分析题

1. 请比较分析我国行政法学中的"法律法规规章授权组织"和德国行政法学中"被授权人"理论。

2. 分析"公法设施"理论与制度对我国行政法学中行政组织理论与制度的借鉴意义。

3. 分析理解法国行政法中的"权力下放"和"地方分权"观念。

第三编
行政行为

第六章　比较行政程序立法

本章导读

　　"行政程序"是指行政机关实施行政职权所遵守的方式、方法、步骤、时限等。"行政程序法"是指规范行政机关行政程序的法律规范体系。在外在表现形式上，行政程序可能表现为单一的行政程序法典，例如，德国1976年《行政程序法》，也有可能表现为多个单行特别法中的程序性法律规范；我国《行政许可法》中关于行政许可程序的规定，《行政处罚法》中关于行政处罚程序的规定；等等。当前，我国法律体系中并不存在一部单一的行政程序法典，但其他法域存在着行政程序法典化情形，如奥地利《行政程序法》（1925）、美国《联邦行政程序法》（1946）、德国《联邦行政程序法》（1976）、日本《行政程序法》（1993）、韩国《行政程序法》（1996）、我国台湾地区"行政程序法"（1998）等。

　　本章重点是行政程序法立法框架和内容比较以及行政行为的涵义与无效；难点是行政行为的涵义与无效的理解、分析与掌握。

⚠ 必读文献

　　1. 德国《联邦行政程序法》（1976）。

　　2. 美国《联邦行政程序法》（1946）。

　　3. 日本《行政程序法》（1993）。

　　4. 韩国《行政程序法》（1996）。

　　5. 我国台湾地区"行政程序法"（1998，2013）。

◎ 基础案例

［美国］马歇尔诉巴洛公司案（1978）

　　1. 案件法律争议。美国职业安全与健康局的检查员所实施的没有搜查令状许可的检查行为是否违反了《宪法》第四修正案的公民权利？

2. 案件事实。美国《宪法》（1787）第四修正案（1791）规定，"人民所拥有的、其人身、住宅、文件和财产不受不合理的搜查与扣押的权利，不得侵犯；除非有相当可能理由，且经宣誓或代言宣誓保证，并详细描述所要搜查的地点和所要扣押的人或物，否则不得签发令状"。《职业安全与健康法》（1970）授权劳工部的工作人员可以搜查在该法管辖内的有雇工的工作场所任何工作空间，目的是检查是否存在安全危险以及存在违反职业安全与健康法的情形；但该法没有明确要求搜查时要有搜查令状或其他程序（注：依据该法成立了管制机构——职业安全与健康局即 OSHA，该机构受劳工部长领导）。

1975 年的一天，OSHA 的检查员在没有获得搜查令状（warrant）许可的情况下，要求检查巴洛先生的巴洛公司的一处营业场所，巴洛先生拒绝了检查要求；后虽检查员获得当地地区法院的命令可以进入检查，但巴洛先生认为该检查行为因为没有搜查令状许可，仍拒绝接受检查。同时，巴洛先生向地区法院寻求禁止令（Injunction），即禁止检查员进入其营业场所检查。

3. 案件判决。一个由 3 名法官组成的地区法院合议庭支持了巴洛先生的主张。劳工部长不服，上诉至美国最高法院。

最高法院经审理认为，职业安全与健康局的检查员依据该法授权所进行的、无令状的、非同意的、例行的对商业工作场所的搜查违反第四修正案规定的禁止不合理的搜查。

第一节 我国行政程序立法

一、行政程序法典立法专家建议稿

由于当前我国并没有一部统一的行政程序法，而域外一些法治相对发达的国家或地区相继出台了统一的行政程序法，同时，截至当前，国内立法机关也没有将统一行政程序立法纳入国家立法计划，所以，在进入 21 世纪后，国内的行政法学者们尝试进行统一行政程序立法框架和具体立法条款的民间努力，这种努力在成果上体现为两部行政程序法专家建议稿：一部是《中华人民共和国行政程序法（试拟稿）》（北京大学宪法与行政法研究中心课题组，姜明安教授执笔，2002 年；以下简称"姜明安版专家建议稿"），另一部是《中华人民共和国行政程序法（专家建议稿）》（中国政法大学行政立法研究组，应松年教授负责，

2003 年；以下简称"应松年版专家建议稿"）。

姜明安版专家建议稿建议行政程序法在立法内容上应包括总则、行政程序主体、行政行为、行政程序的一般制度、特别行政行为程序、行政救济与法律责任、附则，共 7 章，计 105 条，具体框架体系如下：

第一章 总则
　第一节 一般规定
　第二节 基本原则
第二章 行政程序主体
　第一节 行政机关
　第二节 具有管理公共事务职能的组织
　第三节 行政相对人
第三章 行政行为
　第一节 制定行政规范的行为
　第二节 行政处理
　第三节 内部行政行为
第四章 行政程序的一般制度
　第一节 申请与受理制度
　第二节 告知制度
　第三节 证据制度
　第四节 听证制度
　第五节 信息制度
　第六节 电子政务制度
　第七节 时限、期间、送达与费用制度
第五章 特别行政行为程序
　第一节 行政规划
　第二节 行政给付
　第三节 行政征用
　第四节 行政合同
　第五节 行政指导
第六章 行政救济与法律责任
　第一节 行政救济
　第二节 法律责任
第七章 附则

应松年版专家建议稿则建议行政程序法在立法内容上应该包括总则、行政程序中的主体、行政决定、行政规范、行政规划、行政指导、行政合同、法律责任、附则，共9章，计176条，具体立法框架体系如下：

第一章 总则

第二章 行政程序中的主体

  第一节 行政机关

  第二节 其他行使行政权力的主体

  第三节 当事人与其他程序参加人

第三章 行政决定

  第一节 程序的启动

  第二节 调查

  第三节 证据

  第四节 陈述意见

  第五节 听证

  第六节 信息公开

  第七节 应用自动化设备和电子文件实施的行政行为

  第八节 简易程序

  第九节 行政决定的成立

  第十节 行政决定的效力

  第十一节 期间

  第十二节 送达

  第十三节 费用

第四章 行政规范

第五章 行政规划

第六章 行政指导

第七章 行政合同

第八章 法律责任

第九章 附则

二、中央行政程序立法

（一）行政程序立法

在中央层面上，行政程序立法的成果体现在为配合我国《立法法》（2000）而出台的规范行政立法程序的两部"法规"：《行政法规制定程序条例》（2001）和《规章制定程序条例》（2001）。以《行政法规制定程序条例》为例，该立法文件关于行政法规制定程序立法框架和立法内容的规定包括总则、立项、起草、审查、决定与公布、行政法规解释、附则，共 7 章，计 37 条，具体立法内容框架如下：

第一章 总则

第二章 立项

第三章 起草

第四章 审查

第五章 决定与公布

第六章 行政法规解释

第七章 附则

（二）行政特别法中的程序性规定

这主要体现在我国规范特定行政行为的单行法中关于该特定行为的程序性规定，这些行政行为单行法的代表有《行政处罚法》（1996）、《行政许可法》（2003）、《行政强制法》（2011）。由于这些单行法并非为特定行政行为的专门程序法，所以，在这些单行法中，存在着关于特定行政行为的程序性规定和实体性规定并存的特点。

（三）统一的行政执法程序立法

这种行政程序立法的典型代表是公安部出台的、以"部委规章"形式存在的《公安机关办理行政案件程序规定》（2006）。该立法文件在立法框架和内容上，包括总则、管辖、回避、证据、期间和送达、简易程序、调查取证、听证程序、行政处罚的适用与决定、治安调解、涉案财物的处理、执行、涉外行政案件的办理、案件终结、附则，共 15 章，计 211 条，具体立法内容框架如下：

第一章 总则

第二章 管辖

第三章 回避

第四章 证据

第五章 期间和送达

第六章 简易程序

第七章 调查取证

　第一节 一般规定

　第二节 受案

　第三节 询问

　第四节 勘验、检查

　第五节 鉴定、检测

第六节 辨认

第七节 抽样取证

第八节 证据保全

第八章 听证程序

第一节 一般规定

第二节 听证人员和听证参加人

第三节 听证的告知、申请和受理

第四节 听证的举行

第九章 行政处罚的适用与决定

第一节 行政处罚的适用

第二节 行政处罚的决定

第十章 治安调解

第十一章 涉案财物的处理

第十二章 执行

第十三章 涉外行政案件的办理

第十四章 案件终结

第十五章 附则

三、地方行政程序立法

（一）地方统一行政程序立法

在地方上，统一行政程序立法努力的代表是 2008 年《湖南省行政程序规定》和 2011 年《山东省行政程序规定》的出台。虽然这两部立法性文件在我国立法体系中的等级较低——处于"地方政府规章"层面，但可贵的是，其代表了我国进行统一行政程序立法的开端。

《湖南省行政程序规定》（2008）在立法框架和内容上，包括总则、行政程序中的主体、行政决策程序、行政执法程序、特别行为程序和应急程序、行政听证、行政公开、行政监督、责任追究、附则，共 10 章，计 178 条，具体立法内容框架如下：

第一章 总则

第二章 行政程序中的主体

第一节 行政机关

第二节 其他行使行政职权的组织

第三节 当事人和其他参与人

第三章 行政决策程序

《山东省行政程序规定》（2011）在立法框架和内容上，包括总则、行政程序主体、重大行政决策程序、规范性文件制定程序、行政执法程序、特别行为程序、监督和责任追究、附则，共8章，计139条，具体立法内容框架如下：

（二）地方统一行政执法程序立法

地方上，行政程序立法还体现在某些省的单行的、统一的行政执法程序立法，如《四川省行政执法程序暂行规定》（1989）、《福建省行政执法程序规定》（1992）、《广西壮族自治区行政执法程序规定》（1997）、《辽宁省行政执法程序规定》（2011）等。以《辽宁省行政执法程序规定》为例，该立法文件的立法框架和立法内容包括总则、主体、管辖和协助、一般程序、简易程序、执行、附则，共7章，计94条，具体立法内容框架如下：

第二节 《行政程序法》立法框架与内容

一、德国《联邦政程序法》

德国《联邦行政程序法》（Verwaltungsverfahrensgesetz，VwVfG）（1976）在立法框架与立法内容上，包括适用范围及地域管辖和公务协助、行政程序的一般规定、行政行为、公法合同、特别程序分类、法律救济程序、名誉职务的工作及委员会、附则，共8章，计103条，具体立法内容框架如下：

第一章 适用范围、地域管辖和公务协助

第二章 行政程序一般规定

　第一节 行政程序基本原则

　第二节 期间、期日、恢复原状

　第三节 官方认证

第三章 行政行为

　第一节 行政行为的形成

　第二节 行政行为的确定力

　第三节 行政行为的时效

第四章 公法合同

第五章 特别程序分类

　第一节 要式行政程序

　第一a节 许可程序的加快

　第二节 确定规划程序

第六章 法律救济程序

第七章 名誉职务的工作及委员会

第八章 附则

二、美国《联邦行政程序法》

美国《行政程序法》（Administrative Procedure Act，APA，1946）1966 年被编入《美国法典》（United States Code，USC），第五篇"政府组织和职员"第五章"行政程序"第二分章"行政程序"，立法内容框架——包括后被编入《美国法典》该"分章"中的《信息自由法》（Freedom of Information Act，FOIA，1966）、《隐私权法》（Privacy Act，PA，1974）和《阳光下的政府法》（Government in the Sunshine Act，GSA，1976）——具体如下：

551 节 定义

552 节 公共信息、行政法规、裁决理由、裁定、记录、程序（信息自由法）

552a 节 保持的个人记录（隐私权法）

552b 节 会议公开（阳光下的政府法）

553 节 制定法规

554 节 裁决

555 节 附属事项

556 节 听证、听证主持人、权力和责任、举证责任、证据、记录作为裁决的根据

557 节 初步决定、结论、行政复议、当事人意见、决定的内容、案卷

558 节 科处制裁、许可证的申请、中止、撤销和终止

559 节 本法对其他法律的效力，对今后法律的效力

三、日本《行政程序法》

日本《行政程序法》（1993）在立法框架和内容上，包括总则、对申请的处分、不利益处分、行政指导、备案、补则、附则，共 7 部分，计 38 条，具体立法框架和条款核心内容如下：

第一章 总则

　第一条 （目的等事项）

　第二条 （定义）

　第三条 （适用除外）

第四条（对国家机关等的处分等的适用除外）

第二章 对申请的处分

第五条（审查基准）

第六条（标准处理期间）

第七条（对申请的审查、答复）

第八条（理由的明示）

第九条（信息提供）

第十条（公听会的召开等事项）

第十一条（多个行政厅参与的处分）

第三章 不利益处分

第一节 通则

第十二条（处分的基准）

第十三条（作出不利益处分之前的程序）

第十四条（不利益处分理由的明示）

第二节 听证

第十五条（听证的通知方式）

第十六条（代理人）

第十七条（参加人）

第十八条（文件等的查阅）

第十九条（听证的主持人）

第二十条（听证的期日中审理的方式）

第二十一条（陈述书等文件的提交）

第二十二条（续行期日的指定）

第二十三条（当事人不出席等情况下的听证终结）

第二十四条（听证笔录以及报告书）

第二十五条（再次听证）

第二十六条（经听证后作出的不利益处分的决定）

第二十七条（对行政复议的限制）

第二十八条（作出解除高层管理人员等任命的不利益处分之前的听证等特例）

第三节 辩明机会的赋予

第二十九条（赋予辩明机会的方式）

第三十条（赋予辩明机会的通知方式）

第三十一条（有关听证程序的准用）
第四章 行政指导
　　第三十二条（行政指导的一般原则）
　　第三十三条（与申请相关的行政指导）
　　第三十四条（与许可认可等处分权限相关联的行政指导）
　　第三十五条（行政指导的方式）
　　第三十六条（以多数人员为对象的行政指导）
第五章 备案
　　第三十七条（备案）
第六章 补则
　　第三十八条（地方公共团体的措施）
附则

四、韩国《行政程序法》

韩国《行政程序法》（1996）在立法框架与立法内容上，包括总则、处分、申报、行政立法预告、行政预告、行政指导、补则、附则，共 8 部分，计 54 条，具体立法框架内容如下：

第一章 总则
　第一节 目的、定义及适用范围等
　第二节 行政机关之管辖及协调
　第三节 当事人等
　第四节 送达及期间、期限之特例
第二章 处分
　第一节 目的、定义及适用范围等
　第二节 意见提出及听证
　第三节 公听会
第三章 申报
第四章 行政立法预告
第五章 行政预告
第六章 行政指导
第七章 补则
附则

五、我国台湾地区"行政程序法"

我国台湾地区"行政程序法"（1998）在立法框架和立法内容上包括总则、

行政处分、行政契约、法规命令及行政规则、行政计划、行政指导、陈情、附则，共8章，计175条，具体立法内容框架如下：

第一章 总则
 第一节 法例
 第二节 管辖
 第三节 当事人
 第四节 回避
 第五节 程序之开始
 第六节 调查事实及证据
 第七节 信息公开
 第八节 期日与期间
 第九节 费用
 第一零节 证程序
 第一一节 送达
第二章 行政处分
 第一节 行政处分之成立
 第二节 陈述意见及听证
 第三节 行政处分之效力
第三章 行政契约
第四章 法规命令及行政规则
第五章 行政计划
第六章 行政指导
第七章 陈情
第八章 附则

 第三节 行政行为制度

一、我国行政行为制度

（一）"行政行为"用语与涵义

1. 从"具体行政行为"到"行政行为"。

（1）作为法律概念的"行政行为"。《全国人民代表大会常务委员会关于修改〈中华人民共和国行政诉讼法〉的决定》（2014）第60条规定，"将本法相关条文中的'具体行政行为'修改为'行政行为'"。该修改条款的重要意义之一就是在我国行政法的法律概念体系中新增了"行政行为"概念。当然，《最高人民法院关于执行〈中华人民共和国行政诉讼法〉若干问题的解释》（2000）中也曾使用过"行政行为"的概念，该司法解释第1条规定，"公民、法人或者其他组织对具有国家行政职权的机关和组织及其工作人员的行政行为不服，依法提起诉讼的，属于人民法院行政诉讼的受案范围"。

（2）作为法律概念的"具体行政行为"。"具体行政行为"概念是在我国行政法律体系中最常使用的法律概念，修改之前的《行政诉讼法》（1989）第2条规定，"公民、法人或者其他组织认为行政机关和行政机关工作人员的具体行政行为侵犯其合法权益，有权依照本法向人民法院提起诉讼"；第11条规定，"人民法院受理公民、法人和其他组织对下列具体行政行为不服提起的诉讼：……"《行政复议法》（1999）第2条规定，"公民、法人或者其他组织认为具体行政行为侵犯其合法权益，向行政机关提出行政复议申请，行政机关受理行政复议申请、作出行政复议决定，适用本法"。

（3）作为学理概念的"抽象行政行为"。在我国的行政法律体系中并不存在"抽象行政行为"的法律概念的使用。《行政诉讼法》（1989）第12条规定，人民法院不受理公民、法人或者其他组织对4类事项提起的诉讼，其中第2项规定"行政法规、规章或者行政机关制定、发布的具有普遍约束力的决定、命令"，对此项内容，行政法学界总结为是与"具体行政行为"相对而称的"抽象行政行为"。

2. "行政行为"涵义。

（1）缺乏法律定义的"行政行为"。虽然2014年修正的《行政诉讼法》中新增了"行政行为"法律概念的使用，但对于该概念的涵义缺乏立法上的界定。与"行政行为"概念情形相同的是"具体行政行为"概念：虽然"具体行政行为"早在《行政诉讼法》（1989）和其他单行法中作为法律概念使用，但其依然缺乏法律上的定义［最高人民法院曾尝试对"具体行政行为"作出界定，即"'具体行政行为'是指国家行政机关和行政机关工作人员、法律法规授权的组织、行政机关委托的组织或者个人在行政管理活动中行使行政职权，针对特定的公民、法人或者其他组织，就特定的具体事项，作出的有关该公民、法人或者其他组织权利义务的单方行为"。参见《最高人民法院关于贯彻执行〈中华人民共和国行政诉讼法〉若干问题的意见（试行）》（1991），但该司法解释已被废止］。我国行政法学界在理论上通常认为，具体行政行为是指行政机关针对特定的行政相对人作出的、能直接影响其权利义务的行为；特定性和具体性使得具体行政行为与抽象行政行为得以区分。

下面的问题随之而来：如何在行政法实践及理论中把握"行政行为"的涵义？我国行政法学界在《行政诉讼法》（2014）修正之前就已在理论上使用探讨"行政行为"概念，但尴尬的是，学界对"行政行为"概念的涵义却见仁见智、莫衷一是，较常见的理解是，对行政行为做宽泛的理解，即行政机关基于行政职权作出的所有的行为和活动均可称为行政行为。这种众说纷纭的理解对于作为学理概念的"行政行为"是可以接受的，但当"行政行为"已开始作为法律概念使用时，对于行政执法实践和司法救济实践而言，一个相对统一的"行政行为"涵义理解迫在眉睫。

（2）"行政行为"涵义的他山之石。德国《联邦行政程序法》（1976）使用了"行政行为"（Verwaltungsakt，国内行政法学者一般直译为"行政行为"）法律概念，且在第三章专章以 3 节（行政行为的成立、确定力、时效）、计 19 条（第 35～53 条）的篇幅来规定行政行为制度。该法第 35 条第 1 款规定，"行政行为是行政机关为处理公法事件而采取的，对外直接产生法律效果的任何处置、命令或其他高权性措施"；第 2 款又规定，"一般命令是指管理依照共同特征确定或可确定的人群，或规定一种物或公众使用的物的公法性质的行政行为"。

美国《联邦行政程序法》（1946）（前已提及实已编入《美国法典》）中使用了"行政行为"（Agency Action，国内也有学者直译为"机关行为"）法律概念，并在第 551 节第 13 项把"行政行为"界定为包括行政机关的法规、裁定、许可、制裁、救济或其相等的行为以及对它们的拒绝或不作为的全部或一部分。

进一步而言，根据美国《联邦行政程序法》中立法上的界定，"法规"（Rule/Rules）是指机关发布的具有普遍适用性或特殊适用性并对将来生效的文件的全部或一部分；"制定法规"（Rulesmaking）是指机关制定、修改或废止法规的行为。"裁定"（Adjudication）是指机关除制定法规以外所作出的最后决定的全部或一部分，可以采取肯定的、否定的、禁止的、确认的形式，包括批准许可证在内；"裁决"（Adjudicating）是指机关作出裁定的行为。"许可证"（License）包括机关核发的执照、证书、批准书、注册证书、章程、成员资格证书、法定豁免和其他形式的许可文书的全部或一部分；"审批许可证"（Licensing）包括机关批准、延续、拒绝批准、吊销、暂停、废止、收回、限制、修改、变更许可证的活动，以及为许可证规定一定条件的活动。"制裁"（Sanctions）包括机关下列行为的全部或一部分：禁止令、强制令、限制令或其他影响人身自由的措施；不予救济；罚款或罚金；销毁、禁止使用、没收、扣留财产；确定损害赔偿金额、应偿还金额、费用、酬金、收费额、责令赔偿或恢复原状；吊销或暂停许可证，或对许可证附加限制性条件；采取其他强制性或限制性措施。"救济"（Remedies）包括机关下列行为的全部或一部分：给予金钱、帮助、许可证、职权、豁免、优惠、特权或补偿；承认请求、权利、豁免、特权、免税、优惠；应个人之申请或请求而采取的其他对其有利的措施。

日本《行政程序法》（1993）中使用了"行政活动（或译'行政运营'）"、"处分"、"行政指导"、"申报（备案）"等法律概念。根据该法规定，"处分"是指行政厅的处分及其他相当于公权力行使的行为（第2条第2项）；"申请"是指基于法令，请求行政厅作出许可、认可、执照和其他对自己赋予一定权益的处分行为，行政厅对此应作出是否批准的行为（第2条第3项）；"不利益处分"是指行政厅基于法令，以特定人为相对人，直接课以义务或限制其权利的处分（第2条第4项）；"行政指导"是指行政机关在其职权或所管事务的范围内，为实现一定的行政目的，要求特定人为一定的作为或不作为的指导、劝告、建议以及其他的不属于处分的行为（第2条第6项）；"申报（备案）"是指法令直接规定有义务向行政厅通知一定事项的行为（包括当事人为发生自己期待的一定法律效果而应通知的行为，但申请行为除外）（第2条第7项）。

韩国《行政程序法》（1996）中也使用了"处分"、"行政指导"、"申报"及"行政预告"等与行政机关职权行为相关的法律概念。根据该法规定，"处分"是指行政机关对具体事实的执法行为，行使或拒绝公权力及其他准于此之行政作用；"行政指导"是指行政机关为实现一定的行政目的，在所管事务范围内为使特定人做或不做一定行为而进行的指导、劝告及指教等行政作用。

我国台湾地区"行政程序法"（1998）中使用了"行政行为"、"行政处分"、"行政契约"、"行政计划"、"行政指导"、"法规明令与行政规则"等职权行为概念。但该法并没有对"行政行为"进行界定，仅有对"行政处分"的立法规定：第92条第1款规定，"本法所称行政处分，系指行政机关就公法上具体事件所为之决定或其他公权力措施而对外直接发生法律效果之单方行政行为"；第2款规定，"前项决定或措施之相对人虽非特定，而依一般性特征可得确定其范围者，为一般处分，适用本法有关行政处分之规定。有关公物之设定，变更，废止或其一般使用者，亦同"。

（二）行政行为无效的理论与实践

对于行政机关基于行政职权作出的行为活动如何认定其法律效力，特别是无效的行政行为的认定主体、认定标准和认定程序，都是摆在行政法学者、行政执法者、行政诉讼案件法官以及行政相对人面前的重要问题。

1. 不完善的无效行政行为理论与制度。我国《行政处罚法》（1996）第 3 条第 1 款规定，公民、法人或者其他组织违反行政管理秩序的行为，应当给予行政处罚的，依照本法由法律、法规或者规章规定，并由行政机关依照本法规定的程序实施；第 2 款规定，"没有法定依据或者不遵守法定程序的，行政处罚无效"。该款规定提出了行政处罚无效的认定标准："无法定依据"或"不遵守法定程序"。问题也随之而来，该标准是否是穷尽或全面的？是否还有其他情形会导致行政处罚行为无效？其次，该标准是否适用于其他行政职权行为（如行政许可、行政强制措施等）？我国行政法学界的回应是，认为"重大而明显违法"的行为应该是无效的行政行为；立法上则无针对性的回应。

2. 无效行政行为理论与制度的他山之石。德国《联邦行政程序法》（1976）第 43、44 条规定了行政行为无效制度；我国台湾地区"行政程序法"（1998，2013）也在第 110、113 条规定了行政处分的无效制度。

关于行政行为无效的标准，德国《联邦行政程序法》（1976）第 44 条第 1 款规定，"具有特别严重错误，根据最普通情形下的理智判断该错误也是显而易见的行政行为是无效的行政行为"；第 2 款规定，"不具备前款的条件，下列行政行为无效：①以书面形式发布，但是未能表明发布机关的；②依法只能以交付证书发布，但是没有满足该形式要求的；③行政机关在管辖权以外发布，不具有对此所需授权的；④由于事实上的原因，无人能够实施的；⑤要求实施将导致刑事处罚或者罚款的违法行为的；⑥违背善良风俗的"。

我国台湾地区"行政程序法"（1998，2013）第 111 条规定，"行政处分有下列各款情形之一者，无效：①不能由书面处分中得知处分机关者；②应以证书方式作成而未给予证书者；③内容对任何人均属不能实现者；④所要求或许可之行为构成犯罪；⑤内容违背公共秩序，善良风俗者；⑥未经授权而违背法规有关专属管辖之规定或缺乏事务权限者；⑦其他具有重大明显之瑕疵者"。

关于无效行政行为的法律效力，德国《联邦行政程序法》（1976）第 43 条第 3 款规定，"无效的行政行为不发生法律效力"。我国台湾地区"行政程序法"（1998，2013）第 110 条第 4 款规定"无效之行政处分自始不生效力"。

关于行政行为无效的认定主体和程序，德国《联邦行政程序法》（1976）第 44 条第 5 款规定，"行政机关可以依据职权随时确认无效；依据申请确认的，以申请人对此享有合法利益为条件"。我国台湾地区"行政程序法"（1998，2013）第 113 条第 1 款规定，"行政处分之无效，行政机关得依职权确认之"；第 2 款规定，"行政处分之相对人或利害关系人有正当理由请求确认行政处分无效时，处分机关应确认其为有效或无效"。

本章小结

　　美国《联邦行政程序法》（1946）、德国《联邦行政程序法》（1976）、日本《行政程序法》（1993）、韩国《行政程序法》（1996）、我国台湾地区"行政程序法"（1998）等其他法域既有的行政程序法典，为我国统一行政程序立法提供了较好的立法模式和立法框架及内容借鉴。同时，值得借鉴和反思的还有关于行政行为概念的涵义以及行政行为无效的理论与制度。

拓展阅读书目

　　1. ［日］室井力、芝池义一、浜川清主编：《日本行政程序法逐条注释》，朱芒译，上海三联书店 2009 年版。

　　2. ［韩］金东熙：《行政法Ⅱ》，中国人民大学出版社 2008 年版，第七章"行政程序"，第 265～296 页。

　　3. 翁岳生：《行政法（2000）》，中国法制出版社 2002 年版，第十六章"行政程序"，第 924～1123 页。

　　4. 王名扬：《美国行政法（上册）》，中国法制出版社 1999 年版，第二部分"行政程序"，第 325～564 页。

　　5. ［德］哈特穆特·毛雷尔：《行政法学总论》，高家伟译，法律出版社 2000 年版，第十九章"行政程序基本问题"，第 451～478 页。

拓展案例

［德国］行政程序中当事人获得律师帮助的权利案件

　　1. 案件法律争议。德国《联邦行政程序法》第 14 条关于全权代理人与辅佐人的规定是否适用？

　　2. 案件事实。案件当事人申请获得高等教育局批准试用，但由于存在对其宪法忠诚性的怀疑，录用机关通知其参加一个专门组织的面试。当事人聘请了一名律师与其同行，但律师被拒入场。录用机关的做法是否合法？当事人在行政程序中是否享有获得律师帮助的权利？

？思考分析题

1. 分析我国统一行政程序法的立法框架与立法内容。
2. 如何界定我国《行政诉讼法》(2014) 中所使用的"行政行为"概念?
3. 比较分析不同法域中的行政行为无效的认定标准、认定主体及认定程序。

第七章　比较行政信息公开法

本章导读

　　本章以我国《政府信息公开条例》所确立的我国行政信息公开制度体系——包括政府信息概念、公开信息（主动公开信息和依申请公开信息）范围、禁止公开信息范围——为框架，比较分析其他法域如德国、美国、日本、韩国及我国台湾地区在信息公开领域的法制框架和内容。

　　本章重点是不同法域在行政信息公开立法上的模式选择、法律体系框架和具体行政信息公开制度包括公开信息范围和禁止公开信息范围；难点为分析行政信息公开法的立法内容框架并阐释其异同。

⚠️ 必读文献

　　1. 中国《政府信息公开条例》（2007）。

　　2. 中国《最高人民法院关于审理政府信息公开行政案件若干问题的规定》（2011）。

　　3. 德国《信息自由法》（2005）。

　　4. 美国《信息自由法》（1966）。

　　5. 日本《信息公开法》（1998）。

　　6. 韩国《信息公开法》（1996）。

　　7. 我国台湾地区"政府资讯公开法"（2005）。

🔘 基础案例

［美国］国家公园与保护协会诉莫顿案（1974）

　　1. 案例法律争议。美国《信息自由法》（FOIA）规定的 9 类政府不予公开的信息中的第 4 类信息即"从个人获得且具有特权的或保密的贸易秘密和商业信息或金融信息"在本案中是否适用？

2. 案件事实。国家公园与保护协会（NPCA）申请内政部（the Department of Interior）公开关于国家公园特许经营的记录信息，但内政部以该信息是《信息自由法》规定的免于公开的信息为由，拒绝了申请人的公开请求。申请人提起诉讼。

3. 案件判决。地区法院认为该信息是属于《信息自由法》中第 4 类免于公开的信息即"通常情况下公众不会阅读获得的信息"，原告主张没有得到支持。

最高法院判决推翻了地区法院判决，发回重审。理由是案件中的核心问题即申请公开的信息是否属于第 4 类免于公开的信息，最终落脚到是否是"秘密"以及该"秘密"的公开是否会伤害到信息相关人的竞争地位，而地区法院判决中对此问题没有处理，所以发回重审，斟酌处理。

第一节　我国行政信息公开

一、"行政信息"与"行政信息公开"

（一）"行政信息"

一般来说，信息是事物内部结构与外部联系运动的状态与方式，通常由文书、图片、照片、胶卷、磁带、软盘、视听资料、计算机等载体形式加以记录和传播。[1]

"行政信息"，根据字面可以简单理解为与行政相关的信息或行政机关所掌握的信息。在我国行政信息公开法律体系中并没有使用"行政信息"的概念，而是使用了"政府信息"的法律概念。根据我国《政府信息公开条例》（2007）第 2 条的规定，"本条例所称政府信息，是指行政机关在履行职责过程中制作或者获取的，以一定形式记录、保存的信息"；较早一些的地方性立法文件如《广州市政府信息公开规定》（2002）第 2 条也规定了"本规定所称的政府信息，是指各级人民政府及其职能部门以及依法行使行政职权的组织在其管理或提供公共服务过程中制作、获得或拥有的信息"。上述两个文件中对政府信息的界定，虽表述略有差异，但核心要素相同，即以一定载体存在的信息、该信息与行使行政职权相关、该信息由行政机关掌握。此处，"行政信息"和"政府信息"涵义上作等同理解。

---

〔1〕 雷润琴：《传播法：解决信息不对称及相关问题的法律》，北京大学出版社 2005 年版，第 7 页。

在我国行政信息公开法律体系中，还有两个概念与政府掌握的信息相关，值得关注，即"档案"和"国家秘密"。关于"档案"，根据我国《档案法》（1987）第 2 条的规定，"本法所称的档案，是指过去和现在的国家机构、社会组织以及个人从事政治、军事、经济、科学、技术、文化、宗教等活动直接形成的对国家和社会有保存价值的各种文字、图表、声像等不同形式的历史记录"。我国《保守国家秘密法》（1988，2010）第 2 条则将"国家秘密"界定为"关系国家安全和利益，依照法定程序确定，在一定时间内只限一定范围的人员知悉的事项"。

（二）"行政信息公开"

顾名思义，"行政信息公开"是指政府或行政机关掌握的信息向社会公开，社会大众可以知晓这些信息的内容；用我国行政法学者的话表述即"行政机关根据职权或行政相对人的请求，将行政信息向行政相对人或社会公开展示，并允许查阅、摘抄和复制"（章剑生，348～349）。在信息公开的方式上，往往包括政府主动公开和社会大众根据需要申请行政机关公开两种情形。

行政信息公开一方面反映的是政府基于现代民主政治所应承担的公开透明义务，另一方面反映的是参与民主所赋予公众的参与权和知情权。

二、行政信息公开法律体系

我国行政信息公开法律体系呈现出两个方面的特点：一是法律体系的多位阶性，即我国行政信息法律体系是由多位阶的立法文件组成的，有"法律"、"法规"、"规章"，也有"司法解释"；二是法律体系的多元性，即我国行政信息公开法律体系是由多元的立法文件组成的，虽然核心是"政府信息"立法，但也包括与"档案"、"国家秘密"相关的立法文件。

（一）行政信息公开法

1. 中央立法。我国行政信息公开的核心法律文件是以"行政法规"的立法位阶存在的《政府信息公开条例》（2007），该条例在立法框架和立法内容上，包括总则、公开的范围、公开的方式和程序、监督和保障、附则，共 5 章，计 38 条。

《最高人民法院关于审理政府信息公开行政案件若干问题的规定》（法释〔2011〕17 号）则以"司法解释"文件规定了我国与行政信息公开相关的行政案件诉讼程序问题，计 13 条。

2. 地方立法。地方性行政信息公开立法的典型代表是以"地方政府规章"的立法位阶存在的《广州市政府信息公开规定》（2002）和《山东省政府信息公开办法》（2010）。

《广州市政府信息公开规定》被尊称为第一部以立法形式规范行政信息公开的法律文件，该《规定》在立法框架和内容上包括总则、公开内容、公开方式、公开程序、监督与救济、法律责任、附则，共7章，计34条。

《山东省政府信息公开办法》在立法框架和内容上包括总则、公开的范围和主体、公开的方式和程序、监督和保障、附则，共5章，41条。

（二）与行政信息公开相关法律

我国行政信息公开法律体系，除上述行政信息公开专门立法外，还包括与行政信息公开相关的立法文件，有代表性的如《档案法》（1987，1996）、《〈档案法〉实施办法》（1990，1999）以及《保守国家秘密法》（1988，2010）、《〈保守国家秘密法〉实施条例》（2014）。

三、行政信息公开范围

行政信息公开范围是指行政机关所掌握的信息中哪些是应当、可以公开的，哪些是禁止公开的。根据我国《政府信息公开条例》（2007）的规定，我国行政信息公开范围可以从两个方面来把握：一是主动公开或依申请公开的信息，包括政府应当主动公开信息以及政府根据社会公众申请而公开的信息；二是禁止公开的信息。

（一）公开信息

1. 应当主动公开信息。

（1）一般规定。根据我国《政府信息公开条例》（2007）第9条的规定，"行政机关对符合下列基本要求之一的政府信息应当主动公开：①涉及公民、法人或者其他组织切身利益的；②需要社会公众广泛知晓或者参与的；③反映本行政机关机构设置、职能、办事程序等情况的；④其他依照法律、法规和国家有关规定应当主动公开的"。

（2）具体规定。

第一，"县级以上各级人民政府及其部门"应当重点公开的信息。根据我国《政府信息公开条例》（2007）第10条的规定，"县级以上各级人民政府及其部门应当依照本条例第9条的规定，在各自职责范围内确定主动公开的政府信息的具体内容，并重点公开下列政府信息：①行政法规、规章和规范性文件；②国民经济和社会发展规划、专项规划、区域规划及相关政策；③国民经济和社会发展统计信息；④财政预算、决算报告；⑤行政事业性收费的项目、依据、标准；⑥政府集中采购项目的目录、标准及实施情况；⑦行政许可的事项、依据、条件、数量、程序、期限以及申请行政许可需要提交的全部材料目录及办理情况；⑧重大建设项目的批准和实施情况；⑨扶贫、教育、医疗、社会保障、促进就业等方面的政策、措施及其实施情况；⑩突发公共事件的应急预案、预警信息及应对情况；⑪环境保护、公共卫生、安全生产、食品药品、产品质量的监督检查情况"。

第二，"设区的市级人民政府、县级人民政府及其部门"应重点公开的信息。根据我国《政府信息公开条例》（2007）第11条的规定，"设区的市级人民政府、县级人民政府及其部门重点公开的政府信息还应当包括下列内容：①城乡建设和管理的重大事项；②社会公益事业建设情况；③征收或者征用土地、房屋拆迁及其补偿、补助费用的发放、使用情况；④抢险救灾、优抚、救济、社会捐助等款物的管理、使用和分配情况"。

第三，"乡（镇）人民政府"应重点公开的信息。根据我国《政府信息公开条例》（2007）第12条的规定，"乡（镇）人民政府应当依照本条例第9条的规定，在其职责范围内确定主动公开的政府信息的具体内容，并重点公开下列政府信息：①贯彻落实国家关于农村工作政策的情况；②财政收支、各类专项资金的管理和使用情况；③乡（镇）土地利用总体规划、宅基地使用的审核情况；④征收或者征用土地、房屋拆迁及其补偿、补助费用的发放、使用情况；⑤乡（镇）的债权债务、筹资筹劳情况；⑥抢险救灾、优抚、救济、社会捐助等款物的发放情况；⑦乡镇集体企业及其他乡镇经济实体承包、租赁、拍卖等情况；⑧执行计划生育政策的情况"。

2. 依申请公开信息。根据我国《政府信息公开条例》（2007）第13条的规定，"除本条例第9条、第10条、第11条、第12条规定的行政机关主动公开的政府信息外，公民、法人或者其他组织还可以根据自身生产、生活、科研等特殊需要，向国务院部门、地方各级人民政府及县级以上地方人民政府部门申请获取相关政府信息"。

在因依申请公开而产生的行政案件中，根据《最高人民法院关于审理政府信息公开行政案件若干问题的规定》（2010）第5条第6款的规定，被告以政府信息与申请人自身生产、生活、科研等特殊需要无关为由不予提供的，人民法院可以要求原告对特殊需要事由作出说明。

关于对《条例》中规定"可以根据自身生产、生活、科研等特殊需要"的理解，有国内行政法学者认为其"不是资格要件，而是范围限定"（章剑生，350）。

（二）禁止公开信息

1. 一般原则。根据《政府信息公开条例》（2007）第8条的规定，"行政机关公开政府信息，不得危及国家安全、公共安全、经济安全和社会稳定"。

2. 具体规定。根据《政府信息公开条例》（2007）第 14 条第 4 款的规定，"行政机关不得公开涉及国家秘密、商业秘密、个人隐私的政府信息。但是，经权利人同意公开或者行政机关认为不公开可能对公共利益造成重大影响的涉及商业秘密、个人隐私的政府信息，可以予以公开"。

《最高人民法院关于审理政府信息公开行政案件若干问题的规定》（2011）第 8 条又重述了《条例》中的规定，即政府信息涉及国家秘密、商业秘密、个人隐私的，人民法院应当认定属于不予公开范围；政府信息涉及商业秘密、个人隐私，但权利人同意公开，或者不公开可能对公共利益造成重大影响的，不受上述规定的限制。

根据上述文件的规定，在我国行政信息公开法律框架内，"国家秘密"是绝对禁止公开的；"商业秘密"和"个人隐私"原则上不得公开，但有两个例外：一是"权利人同意公开"，二是"不公开可能对公共利益造成重大影响"。

（1）"国家秘密"。

第一，"涵义"。根据《保守国家秘密法》（1988，2010）第 2 条的规定，作为法律概念，"国家秘密"指"关系国家安全和利益，依照法定程序确定，在一定时间内只限一定范围的人员知悉的事项"。

第二，"范围"。根据《保守国家秘密法》（1998，2000）第 9 条第 1 款的规定，"下列涉及国家安全和利益的事项，泄露后可能损害国家在政治、经济、国防、外交等领域的安全和利益的，应当确定为国家秘密：①国家事务重大决策中的秘密事项；②国防建设和武装力量活动中的秘密事项；③外交和外事活动中的秘密事项以及对外承担保密义务的秘密事项；④国民经济和社会发展中的秘密事项；⑤科学技术中的秘密事项；⑥维护国家安全活动和追查刑事犯罪中的秘密事项；⑦经国家保密行政管理部门确定的其他秘密事项"。第 2 款规定，"政党的秘密事项中符合前款规定的，属于国家秘密"。

第三，"密级"。根据《保守国家秘密法》（1988，2010）第 10 条的规定，国家秘密的密级分为绝密、机密、秘密三级。绝密级国家秘密是最重要的国家秘密，泄露会使国家安全和利益遭受特别严重的损害；机密级国家秘密是重要的国家秘密，泄露会使国家安全和利益遭受严重的损害；秘密级国家秘密是一般的国家秘密，泄露会使国家安全和利益遭受损害。

第四，"保密期限"。根据《保守国家秘密法》（1988，2010）第 15 条的规定，国家秘密的保密期限，除另有规定外，绝密级不超过 30 年，机密级不超过 20 年，秘密级不超过 10 年。同时规定，国家秘密的保密期限，应当根据事项的性质和特点，按照维护国家安全和利益的需要，限定在必要的期限内；不能确定期限的，应当确定解密的条件。

(2)"商业秘密"。根据《反不正当竞争法》（1993）第10条第3款、《刑法》（1979）第219条第3款的规定，作为法律概念，"商业秘密"是指"不为公众所知悉、能为权利人带来经济利益、具有实用性并经权利人采取保密措施的技术信息和经营信息"。

(3)"个人隐私"。在我国的法律制度中，除使用"个人隐私"的概念，常见的还有"隐私"［《最高人民法院关于贯彻执行〈中华人民共和国民法通则〉若干问题的意见（试行）》（1988）第140条第1款；《最高人民法院关于确定民事侵权精神损害赔偿责任若干问题的解释》（2001）第1条第2款、第3条］、"隐私权"［《侵权责任法》（2009）第2条］，甚至"公民个人信息"［刑法修正案（七）（2009）第253条］也有使用，但均缺乏对相关概念的立法上的界定。在此可遵循日常语言中的意义来理解，即"个人隐私"是指不愿告人或不愿公开的个人的私事。

第二节　德国行政信息公开

一、行政信息公开法律体系

德国的行政信息公开法律体系主要由《信息自由法》和《联邦数据保护法》组成。

德国行政信息公开法律体系的核心法律文件为《信息自由法》（Informationsfreiheitsgesetz，IFG，2005）（全称应为《关于获得联邦政府持有的信息的联邦法》Gesetz zur Regelung des Zugangs zu Informationen des Bundes 2005），除此之外，还应包括如《联邦数据保护法》（Bundesdatenschutzgesetz，1977，1990，2002，2006，2009）等与政府掌握信息相关的特别立法。

德国《信息自由法》在立法框架和立法内容上包括基本原则、定义、特殊公共利益保护、官方决策过程的保护、个人数据保护、知识产权与商业或贸易秘密保护、申请与程序、涉及第三人时的程序、申请的拒绝（法律救济）、费用与开支、公布信息的义务、联邦信息自由专员等，计15条（节）。

二、"官方信息"（amtliche Information）和"联邦政府机构"（Behoerden des Bundes）

根据德国《信息自由法》（2005）的规定，"行政信息"（amtliche Information，或译为"官方信息"）是指以任何方式保存的、服务于政府目的的任何记录；这不包括不打算构成文档组成部分的草案与草稿。（jede amtlichen Zwecken dienende Aufzeichnung, unabhaengig von der Art ihrer Speicherung. Entwürfe und Notizen, die nicht Bestandteil eines Vorgangs werden sollen, gehoeren nicht dazu.）

关于适用的行政机关，《信息自由法》第一节规定了"联邦政府机构"（Behörden des Bundes），"只要其他联邦团体与组织依据公法履行行政任务，该法适用于它们"，以及"根据上述规定，在联邦机构利用自然人或法人依据公法履行其义务的场合，该自然人或法人会被等同于联邦机构对待"。

三、行政信息公开范围

（一）应当主动公开信息

德国《信息自由法》（2005）第十一节规定，行政机关或政府负有"公布信息的义务"：联邦机构应保存表明可获得的信息资源与所收集信息的目的的目录；依据本法规定，不涉及个人数据的机构的与存档的计划应该可以一般地获得；联邦机构应该使第1项与第2项所规定的计划与目录以及其他恰当信息以电子形式可以一般地获得。

（二）依申请公开信息

德国《信息自由法》（2005）第1节将"任何人均有权从联邦政府机构获得官方信息"作为德国行政信息公开的一项"基本原则"来看待的，并且第七节专门规定了"申请与程序"。

针对社会公众申请获得特定政府信息，《信息公开法》第七节规定，被授权处理申请信息的联邦机构对获得信息的申请作出决定；在部分获得信息之权利适用的情况下，只要能够获得信息而没有暴露受保密性约束的信息或者没有不合理的行政支出，恰当的申请可以被允许；在申请人同意删除涉及第三人利益的信息的情况下，部分获得信息之权利也适用；提供信息可以以口头、书面或电子形式；联邦机构没有义务证实信息内容是正确的；在查阅官方信息时，申请人可以做笔记或者设法制作复制品或印刷品；适当考虑申请人的利益，信息必须能被他或她即刻获得；获得信息必须在1个月内提供。

（三）禁止公开信息

德国《信息自由法》（2005）规定了四类应当给予"保护"的信息："特殊公共利益保护"、"官方决策过程的保护"、"个人数据保护"、"知识产权与商业或贸易秘密保护"。

1. "特殊公共利益保护"。德国《信息自由法》第三节规定了八类应纳入特殊公共利益范围而予以保护或禁止公开的信息：

（1）信息公开会对国际关系、联邦武装力量的军事的与其他安全有关的利益、内部或外部安全利益、金融、竞争与管制机构的监控或监管任务、外部金融控制事项、预防违法对外贸易措施、正在进行的司法诉讼过程、个人获得公正审判的权利或者对刑事的、行政的或惩罚性的违法行为的调查造成不利影响的场合。

（2）信息公开可能危害公共安全的场合。

（3）信息公开会对国际谈判的必要保密性或联邦机构之间的协商受到损害的场合。

（4）依据对该信息的法定管制或一般行政管制以及保密信息的组织保护，服从于遵守保密性的义务的场合，或者该信息服从于职业的或者特殊的官方保密性的场合。

（5）从其他公共团体临时获得的信息，而该团体并没有打算把该信息作为自己文档的组成部分。

（6）信息公开能够损害联邦政府在贸易与商业中的财政利益或者损害社会保险组织的经济利益的场合。

（7）关于基于信任而获得或转让的信息，受到保密对待的第三方利益在获得信息应用时仍然适用的场合。

（8）关于情报机构、当局以及联邦政府的其他公共团体，它们根据安全清除检查法履行义务的场合。

2. "官方决策过程的保护"。根据德国《信息自由法》第四节的规定，该类保护包括两种情形：

（1）对于与裁决相关的草案以及与裁决的准备直接相关的研究与决定之获得信息的申请应该被拒绝，只要该信息的不成熟的公开会妨害裁决或即将采取的官方措施的成功；对证据、专家意见或来自第三人的声明的采纳与听证的惯常结果不能被认为是按照第一句、与裁决的准备直接相关。

（2）申请人应当被告知相关程序的结论。

3. "个人数据保护"。根据德国《信息自由法》第五节的规定，该保护有四种情形：

（1）获得个人数据只有在下述情况下才被允许：申请人在获得该信息中的利益超过第三人允许排除获得个人信息的利益，或者第三人提供了他的或她的同意。《联邦数据保护法》（BDSG）第三节（9）的特殊类型的个人数据只有依据相关第三人的明确同意才能转让。

（2）在信息来源于与第三人的人员或官方职位或第三人持有的命令相关的

记录，或者信息服从于职业的或官方保密性的情况下，申请人在获得信息中的利益不能够占主导地位。

（3）在信息被限定于第三人的名称、头衔、学位、职业与职务标识，公务地址及公务通讯号码，并且第三人在程序中已经以顾问或专家的资格或者类似的资格提交声明的场合，申请人在获得信息中的利益一般会超过第三人允许排除获得信息的利益。

（4）办公人员的名称、头衔、学位、职业与职务标识、公务地址及公务通讯号码不能排除于获得信息范围之外，只要这是公开活动的表达与后果并且没有例外情形适用。

4．"知识产权与商业或贸易秘密保护"。德国《信息自由法》第六节规定，在信息获得损害知识产权保护的情况下，不存在获得信息权利的适用；商业或贸易秘密的获得只有在数据所有人同意的情况下才被允许。

第三节　美国行政信息公开

一、行政信息公开法律体系

美国行政信息公开法律体系主要由《信息自由法》、《隐私权法》和《阳光下的政府法》组成。

美国行政信息公开法律体系的核心文件也是《信息自由法》（Freedom of Information Act 1966），该法被编入《美国法典》第五编第 552 节 "公共信息；行政机关的规则、意见、命令、记录和会议记录"（Public information；agency rules，opinions，orders，records，and proceedings）（5 U.S.C. § 552），且后来该法历经多次的修改和补充（1966，1967，1974，1976，1978，1984，1986，1996，2002，2007，2009）；除此之外，其法律体系还包括《隐私权法》（Privacy Act 1974），后被编入《美国法典》第五编第 552a 节 "行政机关掌握的关于个人的记录"（Records maintained on individuals）（5 U.S.C. § 552a）以及《阳光下的政府法》（Government in the Sunshine Act 1976）后被编入《美国法典》第五编第 552b 节 "公开会议"（Open meetings）（5 U.S.C. § 552b）。

美国《信息自由法》在立法框架和立法内容上包括公开信息（主动公开和依申请公开）、禁止公开信息、依申请公开信息的例外、非授权不公开或限制公民获得信息规定、行政机关信息公开报告、定义、政府信息服务办公室、政府审计办公室审计、行政机关首席信息自由官任命、首席信息自由官的权责、信息自由法公共服务局等 11 个条款的规定。

二、"记录"（record）和"行政机关记录"（agency record）

根据修订后的美国《信息自由法》的规定，"行政信息"［准确说法，在该法中使用词语为"记录"（record）和"行政机关记录"（agency record）］是指"行政机关以任何方式——包括电子方式——掌握的、符合本节规定要求的行政记录信息以及为了保存行政记录而与政府签订合同的组织替行政机关所保存的信息"。［'record' and any other term used in this section in reference to information includes— (A) any information that would be an agency record subject to the requirements of this section when maintained by an agency in any format, including an electronic format; and (B) any information described under subparagraph (A) that is maintained for an agency by an entity under Government contract, for the purposes of records management.］

三、行政信息公开范围

（一）应当主动公开信息

根据美国《信息自由法》（《美国法典》第 552 节）的规定：

1. 为了指引美国民众行为，每一个行政机关（agency）必须在《联邦登记》（Federal Register）上独立说明并及时公布如下信息：①对于行政机关的中央组织及地方组织、工作地点和工作方式——公众可以从中获得信息、提交信息申请或要求、获得行政决定——的描述；②关于行政机关职能履行和作出决定的一般过程和方法的声明，包括所有的正式的和非正式的程序的性质和要求；③程序规则，对于各种申请表或获得申请表的地点的描述，对于各种文件、报告或检查的范围和内容的指导；④根据法律授权而普遍实施的实体规则，对行政机关创制和通过的普遍政策或普遍适用的解释的声明；⑤对上述信息的修正、修订或废止。

2. 根据已公布的行政规则，行政机关必须让公众能够查阅和复制如下信息：①每个案件裁决的最终意见，包括附和意见、不同意见以及命令；②行政机关已经采纳但又没有在《联邦登记》上公布的政策和解释的声明；③对公众产生影响的行政机关工作人员指南和对行政机关工作人员的指导文件；④已经根据特定公民申请向其公开的任何载体的记录的复印件；⑤上类记录的索引。

3. 具有两名以上工作人员的行政机关，应该保存其每一项议程中每位成员最终投票的记录，且公众应能够查阅该记录。

（二）依申请公开信息

根据美国《信息自由法》（《美国法典》第 552 节）的规定，除了上述行政机关应该主动公开的信息以及涉及情报机关的信息，如果公众提出申请——对所申请公开的记录进行合理的描述并遵守了规定申请公开信息的时间、地点及费用（如果需要缴纳费用的话）公开行政规则和申请公开信息的程序——行政机关应当即时向该公众公开被申请的记录。

根据美国《信息自由法》的规定，行政机关在收到公众申请公开特定信息的请求之日起 20 日内必须作出是否公开的决定，并立即通知申请人该决定、决定的理由，并告知申请人，如果是不利决定的话，有权向行政机关首长申请复议。

（三）禁止公开信息

根据美国《信息自由法》（《美国法典》第 552 节）的规定，信息公开不适用于九类信息：

1. 根据行政命令（Executive order）为了国防和外交政策的利益而保密的信息，以及根据行政命令事实上已纳入保密（properly classified）事项的信息。

2. 纯粹与行政机关内部人事规则和行政机关习惯相关的信息。

3. 除本节规定之外的制定法（statute）特别规定免于公开的信息。

4. 从个人获得且具有特权的或保密的贸易秘密和商业信息或金融信息。

5. 根据法律，行政机关以外的当事人在与该行政机关的诉讼中不能获得的行政机关之间或行政机关内部的备忘录或信件。

6. 如果公开将会构成对个人隐私明显地不正当侵犯的人事档案、医疗档案和类似的档案。

7. 为执法（law enforcement）目的而收集保存的记录或信息。

8. 包含于或与对金融机构的检查报告、运转报告或状况报告相关——由负有规制或监督金融机构的行政机关以其名义制作或供其使用——中的信息。

9. 包括地图、涉及油井的地质和地球物理信息与数据。

 第四节 日本行政信息公开

一、行政信息公开法律体系

日本行政信息公开法律体系主要由《信息公开法》和《个人信息保护法》组成。

日本行政信息公开法律体系的核心文件为《信息公开法》，全称是 1999 年 5

月 7 日通过、2001 年 4 月 1 日施行的《行政机关持有的信息公开法》；除此之外，其他相关的立法文件还包括《行政法人持有的信息公开法》（2001）、《个人信息保护法》（2003）、《行政机关持有的个人信息保护法》（2003）、《行政法人持有的个人信息保护法》（2003）、《特定秘密保护法》（2013）等。

日本《信息公开法》（1999）的立法框架和立法内容包括总则、行政文件的公开、行政复议等（咨询等、信息公开审查会、审查会的调查审议程序、诉讼管辖的特别规定）、补则、附则，共 5 部分，计 44 条。

二、"行政文件"和"行政机关"

日本《信息公开法》（1998）第 2 条规定，"行政信息"（"行政文件"）是指行政机关的职员在职务活动中制作或获得的，供组织使用的，且由该行政机关拥有的文书、图画以及电磁性记录（指以电子、磁气以及其他依人的知觉难以认识的方式制作的记录）；但不包括官报、白皮书、报纸、杂志、书籍以及其他以向不特定多数人销售为目的发行的文件以及在政令规定的公共档案馆及其他机关中，依据政令的规定属于历史性或文化性的资料或者用于学术研究的资料而被特别管理的文件。"行政机关"是指依据法律规定在内阁中设置的机关以及属内阁管辖的机关、国家行政组织法（昭和二十三年法律第一百二十号）第 3 条第 2 款的规定设置的国家行政机关（后项中由政令规定的机关所设置的机关中，不包含由该政令规定的机关、国家行政组织法第 8 条之二规定的设施等机关以及该法第 8 条之三规定的特别机关中由政令规定的机关、会计检查院。

三、行政信息公开范围

（一）应当主动公开信息

日本《信息公开法》（1999）是以公众申请公开政府信息为核心或主旨的立法模式，换言之，在该法中，仅仅规定了公众申请公开信息的权利、程序、救济等，欠缺对政府主动公开信息的规定。

（二）依申请公开信息

日本《信息公开法》（1999）是以公众申请公开政府信息为核心或主旨的立法模式，这可以从其第 1 条"立法目的"中得以窥见，"本法的目的在于以国民主权理念为基础，通过规定请求公开行政文件的权利等事项，使行政机关拥有的信息进一步公开化，以此使政府就其从事的各种活动对国民承担说明责任，同时有助于推进置于国民有效的理解和批评之下的公正的民主行政"。

第 3 条关于"公开请求权"规定，任何人都可以依据本法的规定，向行政机关的首长请求公开该行政机关拥有的行政文件。第 5 条规定，有公开请求时，除不公开信息外，行政机关的首长应向公开请求人公开该行政文件。

（三）禁止公开信息

日本《信息公开法》（1999）第5条列举式规定六类"不公开信息"：

1. 与个人相关的信息（不包括经营业务的个人所从事业务的信息）中，包含姓名、生日以及其他可以识别特定的个人的信息（包含与其他信息相互对照时可以识别特定个人的信息）或虽不能识别特定的个人但因公开可能损害个人权利利益的信息。但以下的信息除外：依法令规定或习惯被公开，或者将被公开的信息；为保护人的生命、健康、生活或财产，有必要公开的信息；该个人为公务员［国家公务员法（昭和二十二年法律第一百二十号）第2条第1款规定的国家公务员以及地方公务员法（昭和二十五年法律第二百六十一号）第2条规定的地方公务员］的，该信息为其履行职务相关的信息时，该信息中与该公务员的职位以及职务履行的内容相关的部分。

2. 与法人、其他团体（不包含国家和地方公共团体，以下称"法人等"）相关的信息中，或从事业务经营的个人的与该业务相关的信息中，符合以下规定的各种信息。但不包含为保护人的生命、健康、生活或财产有必要公开的信息。

（1）因公开可能损害该法人等或该个人的权利、竞争上的地位和其他正当的利益的信息。

（2）接受行政机关的要求，以不公开为条件自愿提供的信息中，法人等或个人中依惯例不公开的信息以及其他依照该信息的性质、当时的状况附加该条件为合理的信息。

3. 行政机关的首长有相当的理由认为公开可能危害国家安全，损害与其他国家、国际组织的信赖关系或使与其他国家或国际组织的交往受到不利益的信息。

4. 行政机关的首长有相当的理由认为公开可能妨碍犯罪预防、镇压或侦查、支持公诉、刑罚执行及其他公共安全和秩序维持的信息。

5. 国家机关和地方公共团体内部或相互之间有关审议、讨论或协议的信息中，因公开可能对坦率的意见交换、意思决定的中立性造成不当损害、可能产生国民间的混乱、可能不当地给予特定的人利益或不利益的信息。

6. 国家机关或地方公共团体从事的事务和事业的信息中，因公开可能造成下列后果，以及其他由于该事务或事业性质上的原因，可能妨碍该事务或事业合理运行的信息：监察、检查、管理或实验中，可能造成难以正确把握事实、容易导致违法或不当的行为，或发现困难的；合同、谈判或争讼中，可能导致不当地危害国家或地方公共团体财产上的利益或当事人地位的；调查研究事务中，可能导致不当地妨碍公正和效率的调查的；人事管理事务中，可能导致妨碍公正、协调进行人事管理的；国家或地方公共团体经营的企业事业中，可能导致危害企业经营方面的正当利益的。

第五节　韩国行政信息公开

一、行政信息公开法律体系

韩国行政信息公开法律体系主要由《信息公开法》和《公共记录文献管理法》组成。

韩国行政信息公开法律体系的核心文件也是其《信息公开法》（1996）——全称为《公共机关信息公开法》（1996），后历经多次修订（2004，2005，2006，2007）。除此之外，其他相关立法文件还有《公共机关信息公开法施行规定》（1997）、《公共记录文献管理法》（2006，2007）（该法是对于 2006 年对 1999 年出台的《公共机关记录文献管理法》更名）、《军事秘密保护法》（1993）、《公共机关保存的个人信息保护法》（1995）、《信息与通讯网络利用和数据保护促进法》（2005）等。

韩国《信息公开法》在立法框架和立法内容上包括总则、信息公开请求权利人以及非公开对象信息、信息公开程序、权利救济制度、补充规则共五章计 24 条。

二、"信息"、"公开"与"公共机关"

韩国《信息公开法》（1996）第 2 条规定，"信息"是指公共机关在公务中作成、取得并正在管理中的文书、图画、照片、胶卷、磁带、幻灯片以及由网络媒体记录下来的事项；"公开"是指公共机关依据本法律之规定，允许阅览信息以及交付信息的手抄本或复印本；"公共机关"是指国家、地方自治团体、《政府投资机关管理法》第 2 条规定的政府投资机关和其他总统设定的机关。

三、行政信息公开范围

（一）应当主动公开信息

韩国《信息公开法》（1996）第 3 条规定了其信息公开的基本原则，即"依据本法律之规定，由公共机关保有、管理的信息应该公开"。第 5 条第 1 款规定了公共机关应运用本法律，制定相关法令，以做到国民要求公开信息的权利得到尊重。第 2 款则规定，在措施上，公共机关要设置信息管理系统，以做到信息的适当保存以及迅速检索。

（二）依申请公开信息

韩国《信息公开法》（1996）第 6 条关于"信息公开请求权利人"的规定，全体国民有权请求公开信息；外国人的信息公开请求由总统特定。

（三）禁止公开信息

韩国《信息公开法》（1996）第 4 条第 3 款规定，掌管涉及国家安全和安全事务信息及秘密服务的机构，为了分析与国家安全相关信息而产生和收集的信息，不适用本法。

韩国《信息公开法》第 7 条第 1 款列举式规定了八类不可以公开的信息：

1. 其他法律法令规定为保密的信息或已列入为非公开信息事项的信息。

2. 如被公开有可能损害国家安全保障、国防、统一、外交关系等国家重大利益的信息。

3. 如被公开有可能危及国民的生命、安全、财产以及有可能明显损害其他公共安全和利益的信息。

4. 与诉讼审理中的案件有牵连的信息以及因为牵系到犯罪的预防、搜查、提诉、执行、保安处分等事项，如果被公开则明显会阻碍公务的正常进行，或者有充分的理由可认定公开信息会侵害刑事被告人接受公正审理的信息。

5. 有关检查、监督、监察、考核、规定、招标合同、技术开发、人事管理、意思表明过程或内部检查过程中的事项中，如被公开则会阻碍公务的正常进行和信息的研究开发。

6. 根据信息里的姓名、身份证号码可以识别到特定对象人并牵系到个人隐私的信息。但是，以下列举的个人信息除外：依据法令之规定可以阅览的信息；由公共机关作成和取得并以公开为目的的信息；由公共机关作成和取得并且所公开的事项有用于公益、个人权利的救济。

7. 关系到法人、团体或个人营业的保密事项，如被公开则明显会损害法人等的正当利益的信息。但是以下列举的信息除外：为了保护人民的生命、身体、健康不受事业活动的危害而有必要公开的信息；为了保护国民财产或正常的生活不受违法、不当事业活动的侵害而有必要公开的信息。

8. 如果公开有可能给不动产投机分子等特定人带来不法利益和导致非利益的信息。

第六节 台湾地区行政信息公开

一、行政信息公开法律体系

台湾地区行政信息公开法律体系主要由"政府信息公开法"和"个人资料保护法"组成。

台湾地区行政信息公开法律体系核心文件也是其"政府资讯（信息）公开法"（2005）；除此之外，还包括其他与行政信息公开相关的立法文件如台湾地区"档案法"（1999）、台湾地区"个人资料保护法"（1995）等。

台湾地区"政府信息公开法"在立法框架和立法内容上包括总则、政府信息之主动公开、申请提供政府信息、政府信息公开之限制、救济，共5章，计24条。

二、"政府资讯"和"政府机关"

台湾地区"政府资讯公开法"（2005）第3条规定，"政府信息（资讯）"是指政府机关于职权范围内作成或取得而存在于文书、图画、照片、磁盘、磁带、光盘片、微缩片、集成电路芯片等媒介物及其他得以读、看、听或以技术、辅助方法理解之任何记录内之讯息。第4条规定，"政府机关"是指中央、地方各级机关及其设立之实（试）验、研究、文教、医疗及特种基金管理等机构；受"政府机关"委托行使公权力之个人、法人或团体，于本法适用范围内，就其受托事务视同"政府机关"。

三、行政信息公开范围

（一）应当主动公开信息

台湾地区"政府信息公开法"（2005）第二章专章规定了"政府信息"的主动公开并确定了主动公开作为行政信息公开的原则："与人民权益攸关之施政、措施及其他有关之'政府信息'，以主动公开为原则，并应适时为之。"

台湾地区"政府信息公开法"第7条第1款列举式规定了应主动公开的十类信息：

1. "条约"、"对外关系"文书、"法律"、紧急命令、"中央法规标准法"所定之命令、"法规命令"及"地方自治法规"。

2. "政府机关"为协助下级机关或属官统一解释"法令"、认定事实及行使裁量权，而订颁之解释性规定及裁量基准。

3. "政府机关"之组织、职掌、地址、电话、传真、网址及电子邮件信箱账号。

4. "行政指导"有关文书。

5. "施政计划"、业务统计及研究报告。

6. 预算及决算书。

7. 请愿之处理结果及诉愿之决定。

8. 书面之公共工程及采购契约。

9. 支付或接受之补助。

10. 合议制机关之会议记录。

（二）依申请公开信息

台湾地区"信息公开法"（2005）第三章专章规定了依申请公开"政府信息"。

关于申请人资格，具有"中华民国"国籍并在"中华民国"设籍国民及其所设立之本国法人、团体，得依本法规定申请"政府机关"提供"政府信息"。持有"中华民国"护照侨居国外之国民，亦同。外国人，以其本国法令未限制"中华民国"国民申请提供其"政府信息"者为限，亦得依本法申请之。

在申请信息公开的形式上，规定向"政府机关"申请提供"政府信息"者，应填具申请书，载明特定事项。

（三）禁止公开信息

台湾地区"政府信息公开法"（2005）第四章专章规定了对政府信息公开的限制列举式规定了九类禁止或限制公开的信息：

1. 经依法核定为"国家"机密或其他"法律"、"法规"命令规定应秘密事项或限制、禁止公开者。

2. 公开或提供有碍犯罪之侦查、追诉、执行或足以妨害刑事被告受公正之裁判或有危害他人生命、身体、自由、财产者。

3. "政府机关"作成意思决定前，内部单位之拟稿或其他准备作业。但对公益有必要者，得公开或提供之。

4. "政府机关"为实施监督、管理、检（调）查、取缔等业务，而取得或制作监督、管理、检（调）查、取缔对象之相关数据，其公开或提供将对实施目的造成困难或妨害者。

5. 有关专门知识、技能或资格所为之考试、检定或鉴定等有关资料，其公开或提供将影响其公正效率之执行者。

6. 公开或提供有侵害个人隐私、职业上秘密或著作权人之公开发表权者。但对公益有必要或为保护人民生命、身体、健康有必要或经当事人同意者，不在此限。

7. 个人、法人或团体营业上秘密或经营事业有关之信息，其公开或提供有侵害该个人、法人或团体之权利、竞争地位或其他正当利益者。但对公益有必要或为保护人民生命、身体、健康有必要或经当事人同意者，不在此限。

8. 为保存文化资产必须特别管理，而公开或提供有灭失或减损其价值之虞者。

9. 公营事业机构经营之有关资料，其公开或提供将妨害其经营上之正当利益者。但对公益有必要者，得公开或提供之。

 本章小结

我国《政府信息公开条例》确立了我国行政信息公开制度体系，包括政府信息概念、公开信息（主动公开信息和依申请公开信息）范围、禁止公开信息范围、公开方式以及救济等。以此为制度分析框架，比较分析其他法域既有的信息公开立法，如德国《信息自由法》（2005）、美国《信息自由法》（1966）、日本《信息公开法》（1998）、韩国《信息公开法》（1996）、我国台湾地区"政府资讯公开法"（2005），进而在信息公开领域的法制框架和内容上作出比较，为完善我国行政信息公开法制提供借鉴。

拓展阅读书目

1. 王名扬：《美国行政法》，中国法制出版社1999年版，第二十一章"行政公开：情报自由法"，第953~1023页。

2. 史蒂文·J. 卡恩：《行政法：原理与案例》，中山大学出版社2004年版，第五章"政府与信息""三、信息自由法案"，第229~317页。

3. ［韩］金东熙：《行政法Ⅱ》，中国人民大学出版社2008年版，第二编第八章"行政信息公开与个人信息保护制度"，第297~316页。

拓展案例

［中国］董铭诉上海市徐汇区房地产管理局
拒绝查阅房产登记资料案（2004）

该案被誉为我国政府信息公开诉讼第一案。案件法律争议为董铭女士是否有权申请公开房产登记信息。

[美国] 克莱斯勒诉布朗案（1979）

1. 案件法律争议。美国《信息自由法》（FOIA）规定的九类政府不予公开的信息中的第 4 类信息即"从个人获得且具有特权的或保密的贸易秘密和商业信息或金融信息"在本案中是否适用？

与前面提及的国家公园与保护协会诉莫顿案（1974）不同的是，本案是"反信息公开"诉讼的代表，即主张对于属于《信息自由法》中规定不予以公开的信息，政府无权公开。

2. 案件事实。克莱斯勒公司是与美国政府签订大量政府合同的一方当事人。根据第 11246 号和 11375 号总统行政命令，劳工部长有权保证从政府合同受益的当事人应该向任何人，不论其种族和性别，提供平等的就业机会。据此劳工部下属的联邦合同守法项目办公室颁布行政法规要求：①与政府签订合同的公司要承诺履行平等雇佣；②向该办公室提供其雇员构成的报告和其他信息。同时，该行政法规还规定，公众可以从联邦政府合同守法办公室活动获得上述与平等雇佣相关的信息。克莱斯勒公司认为，根据《信息自由法》中不予公开信息类别第 4 类规定，联邦政府合同守法办公室从克莱斯勒公司获得的信息涉及其贸易秘密，属于该类政府不予公开的信息，进而认为联邦政府合同守法办公室公布的行政法规中关于公众可以获得上述信息的规定是与《信息自由法》的规定相冲突的。克莱斯勒公司提起诉讼。

3. 案件判决。

（1）请阅读并梳理案件的诉讼过程，并总结地区法院、上诉法院和最高法院判决主旨。

（2）为何本案会被称为"反信息公开诉讼"？

 思考分析题

1. 比较分析不同法域中的行政信息公开立法的立法模式、立法内容框架。

2. 比较分析不同法域中的禁止公开信息范围及其对我国行政信息公开法制的借鉴。

3. 比较分析不同法域中的依申请公开行政信息实践中面临的问题及其应对。

4. 比较分析不同法域中的行政信息公开救济机制。

第四编
行政救济

第八章　比较行政复议法

本章导读

在熟悉我国行政复议法律制度——核心法律文件是《行政复议法》（1999）以及配套实施的《行政复议法实施条例》（2007）——的基础上，包括行政复议范围、主体、决定、行政复议与行政诉讼衔接关系等，通过比较法认识分析立基于《行政审判法》（1984）基础之上的韩国行政审判制度的目的、对象、种类和裁决以及行政审判与行政诉讼的衔接关系，以及建立在《行政不服审查法》（1962）基础上的日本的行政不服审查制度的目的、对象、种类、裁定等。

本章重点是对日本行政不服审查法律制度和韩国行政审判制度的理解掌握；难点是思考认识其对完善我国行政复议制度的借鉴。

※读文献

1. 日本《行政不服审查法》（1962）。
2. 韩国《行政审判法》（1984）。
3. 中国《行政复议法》（1999）。
4. 中国《行政复议法实施条例》（2007）。

基础案例

［日本］主妇联诉日本公正交易委员会案（1978年）[1]

1. 案件法律争议。主妇联在日本公正交易委员会认定日本果汁协会的关于果汁饮料标示公正的行为中，其受法律保护的利益是否受到影响？进而在行政复

---

〔1〕（昭和53年，最高裁判所第三小法庭判决）。在日本，本案又被称为"主妇联果汁诉讼案"。案件在争议解决程序上经历了行政复议和行政诉讼两个阶段，与此处相关的是行政复议环节，但基于案件完整性，在此一并呈现。

议中是否具有"不服申请人资格"?

2. 案件事实。日本公正交易委员会根据日本果汁协会申请作出了认定其关于果汁饮料标示公正的决定，但主妇联认为该认定不适当，因为该认定不符合日本《不当赠品及不当标示防止法》中规定的要件。主妇联向日本公正交易委员会提出不服申请，但该委员会认为主妇联不具备申请人资格，进而作出不予受理决定。主妇联不服，提起诉讼。

3. 案件判决。一审东京高等法院驳回了原告诉讼请求，二审最高法院驳回了上述人上诉。法院判决区分了"法律上受保护的利益"和"反射利益或事实利益"。认为本案中主妇联并不享有"法律上受保护的利益"。

第一节　我国行政复议法

一、"行政复议"与"行政复议法"

"行政复议"是指公民、法人或其他组织不服行政机关的行政职权行为向作出该行为的行政机关的上一级行政机关（特定情况下可以是作出该行为的行政机关）提出申请，要求审查该行为的合法性、适当性并由之作出处理决定的活动。

行政复议具有不同的维度：第一种维度是从公民、法人或其他组织角度看，行政复议是对公众权利保护提供的一种救济制度，与另外的行政诉讼制度、国家赔偿制度等共同构筑起行政领域对公众权利保护的大闸；第二种维度是从官僚制行政系统内部权力运转看，行政复议又体现了上一级行政机关对下一级行政机关的职权行为的监督。

《行政复议法》是规范行政复议活动的法律规范体系。《行政复议法》（1999）和《行政复议法实施条例》（2007）构成了我国行政复议法律体系的核心立法文件。《行政复议法》在立法框架和立法内容上包括总则、行政复议范围、行政复议申请、行政复议受理、行政复议决定、法律责任、附则，共7章，计43条；为了更好地贯彻实施《行政复议法》，《行政复议法实施条例》又对之进行了细化规定，在立法框架和内容上，包括总则、行政复议申请（申请人、被申请人、行政复议申请期限、行政复议申请的提出）、行政复议受理、行政复议决定、行政复议指导和监督、法律责任，共6章，计66条。

二、行政复议范围

行政复议范围是指对于行政机关的职权行为，如果公众不服，哪些是可以提起行政复议的，哪些是不可以提起行政复议的。《行政复议法》第二章专章规定了"行政复议范围"。根据《行政复议法》的规定，我国行政复议范围立法模式包括两类情形即概括式规定和列举式规定，而列举式规定又可根据具体内容区分为肯定列举和否定列举。

（一）概括式规定

对于可以纳入行政复议范围的行政职权行为，《行政复议法》在第一章"总则"的第2条中作出了概括规定，即"公民、法人或者其他组织认为具体行政行为侵犯其合法权益，向行政机关提出行政复议申请，行政机关受理行政复议申请、作出行政复议决定，适用本法"。

（二）列举式规定

1. 肯定列举。肯定列举是指《行政复议法》以逐一列举方式规定的公众可以提起行政复议申请的行政机关的职权行为。《行政复议法》第6条明确列举了11项可以纳入行政复议范围的事项，而且，其中的第11项还是"兜底"规定，具体如下：

（1）对行政机关作出的警告、罚款、没收违法所得、没收非法财物、责令停产停业、暂扣或者吊销许可证、暂扣或者吊销执照、行政拘留等行政处罚决定不服的。

（2）对行政机关作出的限制人身自由或者查封、扣押、冻结财产等行政强制措施决定不服的。

（3）对行政机关作出的有关许可证、执照、资质证、资格证等证书变更、中止、撤销的决定不服的。

（4）对行政机关作出的关于确认土地、矿藏、水流、森林、山岭、草原、荒地、滩涂、海域等自然资源的所有权或者使用权的决定不服的。

（5）认为行政机关侵犯合法的经营自主权的。

（6）认为行政机关变更或者废止农业承包合同，侵犯其合法权益的。

（7）认为行政机关违法集资、征收财物、摊派费用或者违法要求履行其他义务的。

（8）认为符合法定条件，申请行政机关颁发许可证、执照、资质证、资格证等证书，或者申请行政机关审批、登记有关事项，行政机关没有依法办理的。

（9）申请行政机关履行保护人身权利、财产权利、受教育权利的法定职责，行政机关没有依法履行的。

（10）申请行政机关依法发放抚恤金、社会保险金或者最低生活保障费，行政机关没有依法发放的。

（11）是认为行政机关的其他具体行政行为侵犯其合法权益的。

如果上述内容可以总结为公众可以"单独"对之提出行政复议的"具体行政行为"事项的话，《行政复议法》第 7 条又以列举的方式规定了可以"一并"提起行政复议的部分"抽象行政行为"，即第 1 款规定，"公民、法人或者其他组织认为行政机关的具体行政行为所依据的下列规定不合法，在对具体行政行为申请行政复议时，可以一并向行政复议机关提出对该规定的审查申请：①国务院部门的规定；②县级以上地方各级人民政府及其工作部门的规定；③乡、镇人民政府的规定"。第 2 款又规定了，"前款所列规定不含国务院部、委员会规章和地方人民政府规章。规章的审查依照法律、行政法规办理"。

2. 否定列举。与"肯定列举"相对应，"否定列举"是指《行政复议法》列举的不可以纳入行政复议范围的事项。根据《行政复议法》第 8 条的规定，这包括两类事项：

（1）第 8 条第 1 款规定的"不服行政机关作出的行政处分或者其他人事处理决定的，依照有关法律、行政法规的规定提出申诉"。

（2）第 2 款规定的"不服行政机关对民事纠纷作出的调解或者其他处理，依法申请仲裁或者向人民法院提起诉讼"。

根据法律解释的整体（体系）解释理论，结合《行政复议法》总则的规定以及上述第 6 条、第 7 条的规定，通常认为，行政职权行为中的行政立法行为（包括行政法规和规章）也是不可以纳入行政复议范围的。

三、行政复议主体

作为学理概念，行政复议主体是指参加行政复议法律关系的主体，即权利享有者和义务承担者。《行政复议法》和《行政复议法实施条例》都专章对"行政复议申请"作出了规定，据此，行政复议主体主要包括行政复议申请人、被申请人、第三人和行政复议机关等。

（一）复议申请人

行政复议申请人是指，认为行政机关的职权行为侵犯了其合法权益（即对该行为不服）进而向该行政机关的上一级行政机关提出申请要求审查该行为的公民、法人或其他组织。

根据《行政复议法》第 10 条第 1 款的规定，"依照本法申请行政复议的公民、法人或者其他组织是申请人"。《行政复议法实施条例》第 5 条则又重述了该规定，"依照行政复议法和本条例的规定申请行政复议的公民、法人或者其他组织为申请人"。

如果有权提起行政复议申请的公民死亡、组织终止的情形出现，则会带来复议申请人资格转移的问题。《行政复议法》第 10 条第 2 款规定，"有权申请行政复议的公民死亡的，其近亲属可以申请行政复议"、"有权申请行政复议的法人或者其他组织终止的，承受其权利的法人或者其他组织可以申请行政复议"。

（二）复议被申请人

行政复议被申请人是指在行政复议法律关系中与申请人相对的另一方当事人，即行政机关，其作出的或由其承担法律责任的行政职权行为被申请人提出了复议申请，所以该行政机关就是被申请人。

《行政复议法》第 10 条第 4 款规定，"公民、法人或者其他组织对行政机关的具体行政行为不服申请行政复议的，作出具体行政行为的行政机关是被申请人"。

（三）第三人

行政复议第三人是与行政复议法律关系中的行政复议申请人、被申请人相关联使用的法律概念，是指与被提起复议申请的行政机关的职权行为有法律上利害关系的公民、法人或其他组织。

《行政复议法》第 10 条第 3 款规定，"同申请行政复议的具体行政行为有利害关系的其他公民、法人或者其他组织，可以作为第三人参加行政复议"。

行政复议第三人参加行政复议法律关系，可以是其主动申请参加，也可以是复议机关通知其参加。《行政复议法实施条例》第 9 条第 1、2 款规定，"行政复议期间，行政复议机构认为申请人以外的公民、法人或者其他组织与被审查的具体行政行为有利害关系的，可以通知其作为第三人参加行政复议。行政复议期间，申请人以外的公民、法人或者其他组织与被审查的具体行政行为有利害关系的，可以向行政复议机构申请作为第三人参加行政复议"。

（四）复议机关

行政复议机关是指可以受理行政复议申请人的复议申请并对被申请的行政机关职权行为的合法性、适当性进行审查进而作出处理决定的行政机关。

行政复议机关通常由作出行政职权行为的行政机关的上一级行政机关担当，但也有例外：《行政复议法》第 14 条规定，"对国务院部门或者省、自治区、直辖市人民政府的具体行政行为不服的，向作出该具体行政行为的国务院部门或者省、自治区、直辖市人民政府申请行政复议"。

四、行政复议决定

行政复议决定是指行政复议机关对被申请的行政职权行为经过审查而作出的处理决定。《行政复议法》和《行政复议法实施条例》都专章对"行政复议决定"作出了规定，据此，行政复议决定在类别上主要有维持决定、驳回行政复议申请决定、撤销决定、确认违法决定、履行决定、变更决定、附带行政赔偿决定等。

（一）"维持决定"

根据《行政复议法》第28条第1款第1项的规定，"具体行政行为认定事实清楚，证据确凿，适用依据正确，程序合法，内容适当的，决定维持"。《行政复议法实施条例》第43条则重述了该规定内容。

（二）"驳回行政复议申请决定"

根据《行政复议法实施条例》第48条的规定，"驳回行政复议申请决定"主要适用于两种情形：一是申请人认为行政机关不履行法定职责申请行政复议，行政复议机关受理后发现该行政机关没有相应法定职责或者在受理前已经履行法定职责的；二是受理行政复议申请后，发现该行政复议申请不符合行政复议法和本条例规定的受理条件的。

（三）"撤销决定"

根据《行政复议法》第28条第1款第3项的规定，撤销决定主要适用于五种情形，即"主要事实不清、证据不足的；适用依据错误的；违反法定程序的；超越或者滥用职权的；具体行政行为明显不当的"。符合任何一种情形，复议机关都可作出对该职权行为的撤销决定。《行政复议法实施条例》第45条重述了该规定。

（四）"确认违法决定"

根据《行政复议法》第28条第1款第3项的规定，确认违法决定的适用情形与撤销决定相同。《行政复议法实施条例》第45条重述了该规定。

（五）"变更决定"

根据《行政复议法》和《行政复议法实施条例》的规定，两大类情形可以适用变更决定：

1. 根据《行政复议法》第28条第1款第3项的规定，变更决定的适用情形与撤销决定相同。《行政复议法实施条例》第45条重述了该规定。

2.《行政复议法实施条例》第47条规定的情形，即认定事实清楚，证据确凿，程序合法，但是明显不当或者适用依据错误的；或认定事实不清，证据不足，但是经行政复议机关审理查明事实清楚，证据确凿的。

（六）"履行决定"

根据《行政复议法》第28条第1款第2项的规定，"被申请人不履行法定职责的，决定其在一定期限内履行"。《行政复议法实施条例》第44条重述了该规定。

（七）"附带行政赔偿决定"

根据《行政复议法》第 29 条第 1 款的规定，"申请人在申请行政复议时可以一并提出行政赔偿请求，行政复议机关对符合国家赔偿法的有关规定应当给予赔偿的，在决定撤销、变更具体行政行为或者确认具体行政行为违法时，应当同时决定被申请人依法给予赔偿"。

五、行政复议与行政诉讼衔接关系

对公民、法人或其他组织而言，行政复议和行政诉讼构成了其权利保障制度中的三大支柱之二，前者是在行政系统内部向公众提供的权利救济保障两种救济制度之间的"无缝"衔接关系对公众权利救济保障意义重大。

根据我国《行政复议法》和《行政诉讼法》（1989，2014）及其他相关法律的规定，两种权利救济保障制度的衔接关系有如下情形：

情形一：公众对行政机关的职权行为不服可以提起行政复议，也可以直接提起行政诉讼；如果选择了行政复议，对于行政复议决定不服的还可以提起行政诉讼。例如，根据我国《矿山安全法》（1992，2009）第 45 条的规定，当事人对行政处罚决定不服，可以在接到处罚决定通知之日起 15 日内向作出处罚决定的机关的上一级机关申请复议；当事人也可以在接到处罚决定通知之日起 15 日内直接向人民法院起诉。复议机关应当在接到复议申请之日起 60 日内作出复议决定。当事人对复议决定不服的，可以在接到复议决定之日起 15 日内向人民法院起诉。复议机关逾期不作出复议决定的，当事人可以在复议期满之日起 15 日内向人民法院起诉。

情形二：公众对行政机关的职权行为不服只能先提起行政复议，对行政复议决定还是不服的话可以提起行政诉讼，换言之，公众不可以直接提起行政诉讼，这种情形通常称之为"复议前置"。例如，我国《税收征收管理法》（2001，2013）第 88 条第 1 款规定，纳税人、扣缴义务人、纳税担保人同税务机关在纳税上发生争议时，必须先依照税务机关的纳税决定缴纳或者解缴税款及滞纳金或者提供相应的担保，然后可以依法申请行政复议；对行政复议决定不服的，可以依法向人民法院起诉。

情形三：公众对行政机关的职权行为不服只能提起行政复议，而且行政复议决定是终局的，即对该复议决定不服的话是不可以再提起行政诉讼的，通常称之为"复议终局"。根据我国《出入境管理法》（2012）第 64 条第 1 款的规定，外国人对依照本法规定对其实施的继续盘问、拘留审查、限制活动范围、遣送出境措施不服的，可以依法申请行政复议，该行政复议决定为最终决定。

第二节　韩国行政审判法

根据韩国行政法律制度，行政机关（行政厅）和公众之间产生的争议解决机制被称为"行政争讼"，其包括行政审判和行政诉讼，这两种制度又分别由各自对应的《行政审判法》和《行政诉讼法》规范。

一、行政审判与《行政审判法》

与我国对行政审判概念理解具有较大差异，在韩国，行政审判是指由行政机关审理、判定行政法上的纷争的程序（金东熙，438）。

在韩国的行政法理论上，一般认为行政审判具有双重性，即司法裁判性和行政性。在理解上，行政审判活动具有司法裁判性是指其是针对行政纷争认定事实、适用法律并进行审理判定，因而具有裁判性，同时，韩国宪法也有规定，"行政审判的程序由法律规定但应准用司法程序"；行政审判的行政性体现在其是行政机关（行政厅）的意思表示行为，通过规制有争议的行政法关系而维持或形成行政法秩序进而实现行政目的。

行政审判的目的则在于通过行政审判程序，对于因行政机关的违法或者不当处分以及其他公权力的行使等所造成的对国民权利或者利益的侵害进行救济，同时以期实现行政的合理运作（《行政审判法》第1条）。

《行政审判法》（1984，1995，1997，1998）是韩国规范行政审判制度的基本法律。该法在立法框架和立法内容上包括总则、审判机关、当事人与关系人、审判请求、审理、裁决、补则、附则，共7部分，计44条。

二、行政审判对象

关于行政审判的对象，《行政审判法》第3条第1款规定了可以纳入行政审判的事项，即"对于行政机关的处分或者不作为，可以根据本法之规定请求进行行政审判，但其他法律中有特别规定的除外"。

同时，第2款又规定了不可以纳入行政审判的事项，即"对于总统的处分或者不作为，不可以根据本法请求行政审判，但其他法律中有特别规定的除外"。

关于对"处分"和"不作为"的理解，根据《行政审判法》第2条的规定，"处分"是指"行政机关所为的与具体事实有关的法律执行行为中，公权力的行使或者拒绝以及其他可视作该行为的行政作用"。"不作为"是指"行政机关在法律上负有义务对当事人的申请在相当的期间内为一定的处分，但是并未为之"。

三、行政审判种类

关于行政审判的种类，《行政审判法》第4条将其区分为三类：

1. 撤销审判，即请求撤销或者变更行政机关违法或者不当处分的审判。

2. 无效等的确认审判，即对于行政机关的处分有无效力或者可否存在请求予以确认的审判。

3. 义务履行审判，即对于行政机关违法或者不当的拒绝处分或者不作为，请求为一定行为的审判。

四、行政审判申请人、被申请人与审判机关

（一）行政审判申请人

行政审判申请人是指对行政审判对象及行政机关的处分或不作为不服而提出申请要求对之撤销或变更等进行行政审判的人，包括自然人或法人。根据《行政审判法》第 10 条的规定，非法人的社团或者财团中规定有代表人或者管理人的，可以以该代表人或者管理人的名义提出审判请求。

《行政审判法》第 9 条对请求人适格性作出规定，包括三种情形：

1. 当事人对于处分的撤销以及变更有法律上利益的，可以提出撤销的审判请求。处分的效果因为期间的经过、处分的执行以及其他事由消灭的，因该处分的撤销仍有可以恢复的法律上利益的当事人，亦同样可提出请求。

2. 当事人对于请求确认处分有无效力或者存在与否有法律上利益的，可以提出确认无效等审判请求。

3. 当事人对于行政机关的拒绝决定或者不作为请求作出一定处分有法律上利益的，可以提出义务履行的审判请求。

（二）行政审判被申请人

简单而言，行政审判被申请人是行政审判申请人的相对方当事人，通常是行政审判对象即处分或不作为的作出行政机关。

根据《行政审判法》第 2 条的规定，"行政机关"应当包括根据法令接受了行政权限的授权或者委托的行政机关、公共团体以及其他的机关或者私人。

关于行政审判被请求人的适格性，《行政审判法》第 13 条规定，审判请求的提出应当以行政机关为被请求人；但是与该处分或者不作为有关的权限已由其他行政机关继承的，应当以继承该权限的行政机关为被请求人。

（三）行政审判机关

《行政审判法》第二章专章规定了行政审判机关。行政审判机关是指对行政审判的请求具有受理、审理和裁决权限的行政机关。《行政审判法》将行政审判机关根据职能的不同进行了区分设计：裁决机关和行政审判委员会。

1. 裁决机关。裁决机关是对行政审判请求具有受理和裁决权限的行政机关。根据《行政审判法》第 5 条的规定，对于行政机关的处分或者不作为，该行政机关最近的上级机关为裁决机关；除此之外，作出处分行为的行政机关或不作为的行政机关本身也能作为裁决机关（第5条第2款）；处分或不作为行政机关的主管监督行政机关作为裁决机关（第5条第3款）；特别市市长、广域市市长、道知事作为裁决机关（第5条第4款）以及特别地方行政机关所属的中央行政机关首长为裁决机关（第5条第5款）。

2. 行政审判委员会。行政审判委员会是为了审理议决行政审判请求而设置的议决机关。《行政审判法》第6条第1款规定，"为了审理和议决行政审判请求，在各裁决机关（国务总理以及中央行政机关负责人担任裁决机关的除外）之下设置行政审判委员会"。根据第二章的规定，行政审判委员会可以包括国务总理行政审判委员会和市道行政审判委员会。

根据《行政审判法》第6条之补充规定，为了确保国务总理以及中央行政机关首长作为裁决机关审理以及议决审判请求，在国务总理的管辖之下设置国务总理行政审判委员会。国务总理行政审判委员会由50名以内的委员构成，其中委员长1人，委员中常任委员在2人之内。国务总理行政审判委员会委员长由法制处处长担任，必要时可由其下属公务员代行其职务。

根据《行政审判法》第6条的规定，市道行政审判委员会由15人以内的委员组成，其中含委员长1人。行政审判委员会的委员长由裁决机关担任，必要时可以由下属的公务员代行其职务。

五、行政审判裁决

行政审判裁决是指裁决机关根据行政审判委员会的审理议决内容对行政审判对象作出的判定。《行政审判法》第六章专章规定了裁决。

在裁决的范围上，根据《行政审判法》第36条的规定，裁决机关不得对作为审判请求对象的处分或者不作为之外的事项进行裁决；裁决机关不得作出与作为审判请求对象的处分相比，对请求人更为不利的裁决。

在裁决种类上，根据《行政审判法》第32、33条的规定，包括：

1. 驳回审判请求裁决。该裁决适用于审判请求不合法或裁决机关认为审判请求没有理由。

2. 撤销或变更裁决。"裁决机关认为请求撤销的审判请求有理由的，撤销或者变更该处分，或者命令原行政机关予以撤销或者变更。"

3. 确认裁决。"裁决机关认为无效等的确认审判请求有理由的，对处分效力的有无或者存在与否做出确认。"

4. 履行裁决。"裁决机关认为履行义务审判请求有理由的，应毫不迟延地依照申请作出处分或者命令有关行政机关作出处分。"

5. 事情裁决。根据《行政审判法》第 33 条第 1 款的规定，裁决机关认为审判请求有理由，但是予以认可则显然不符合公共利益的，可以依照委员会的议决，裁决驳回该审判请求。此时，裁决机关必须在该裁决的正文中，明确指出该处分或者不作为违法或者不当。裁决机关可以对请求人采取相当的救济方法，或者命令被请求人采取相当的救济方法（第 2 款）。事情裁决不适用于无效等的确认审判（第 3 款）。

对于行政审判裁决的救济，《行政审判法》第 39 条规定了再审判请求之禁止，即"就审判请求作出裁决的，不得对该裁决以及同一处分或者不作为再次提起审判请求"。

根据韩国《行政诉讼法》第 19 条的规定，对于行政审判裁决不服的，可以提起行政诉讼。行政诉讼是指法院对行政法上的纠纷进行审理判定的活动。

六、行政审判与行政诉讼

关于行政审判和行政诉讼两种救济方式或行政纠纷解决方式的衔接关系，随着 1994 年韩国《行政诉讼法》的修改，行政审判程序被设计为行政法上争议解决的任意程序或选择程序，即公众对处分或不作为不服可以选择先经过行政审判，对行政审判裁决仍不服再提起行政诉讼，也可以选择直接提起行政诉讼。这是行政争议解决的一般原则。

该原则的例外存在于某些特别法领域中，如公务员法、税收法等遵循的程序是行政审判前置，即对行政机关的处分或不作为不服，公众只能先向裁决机关提出行政审判请求，对于裁决机关的行政审判裁决仍不服才可以提起行政诉讼（金东熙，437）。

第三节 日本行政不服审查法

一、行政不服审查与《行政不服审查法》

行政不服审查是指公众对行政机关的处分、不作为及其他行使公权力的行为不服，向有关行政机关提出审查申请并由之作出裁决、决定的活动。

根据日本行政法学者的理论认识，行政不服审查也具有争议解决的司法性和由行政机关对该争议进行审查并作出裁定的行政性特征。

根据日本《行政不服审查法》第 1 条对立法目的的规定，行政不服审查制度的目的在于：一是针对行政机关的违法或不当处理及其他公权力行为，国民可以向有关行政机关提出不服并请求审查，借此以便捷的程序救济国民的权利、利益；二是确保行政机关行政权的正常运转。

《行政不服审查法》（昭和37年，1962）是规范日本行政不服审查制度的基本法律。该法在立法框架和立法内容上包括总则、程序、补则、附则，共4部分，计58条。截至2014年，该法历经7次修改，其中最近的这次修改（平成26年，2014年）内容需要等到两年以后即2016年才能够生效实行。

二、行政不服审查对象

行政不服审查对象是指公众对行政机关的行为不服而提出申请、由有关行政机关进行审查的行为。根据《行政不服审查法》的规定，通常认为，行政不服审查对象包括行政机关的"处分"和"不作为"。

1. "处分"。根据《行政不服审查法》第1条的规定，公众可以对"行政机关的违法或不当的处分及其他属于行使公权力的行为"提出审查请求。对此类行为可统称为"处分"。

虽然《行政不服审查法》第2条对本法律中所使用的"处分"概念的外延、范围进行了描述："除非各有关条文有特别规定，（处分）应包括相当于行使公权力的事实上的行为，诸如收容人员、扣留物资及其他内容具有持续性质的行为（以上称'事实行为'）"，但根据学者解读，这并不能够看作是对处分概念的定义，而只不过是说在本法中将事实行为也加入到了处分概念中（杨建顺，665～666）。

在日本行政法学上，"处分"通常被理解为行政机关根据法律处于高权位置上对国民设定权利、课赋义务及具有其他具体法律效果的行为（参见：杨建顺，666）。

2. "不作为"。《行政不服审查法》第2条第2款规定，本法律中所称的"不作为"是指行政机关对于依照法令提出的申请，本应在相当的期间内作出某种处分或其他相当于公权力行使的行为，但并未作出。

三、行政不服审查种类

根据《行政不服审查法》第3条的规定，日本行政不服审查有三个类别：

1. 异议申请。这是指公众就行政机关的处分或不作为分别向各自对应的处分行政机关或不作为行政机关提出不服申请。

2. 审查请求。其是指公众对行政机关的处分或不作为不服，继而向其他的行政机关提出审查要求。

3. 再审查要求。属于经过审查请求并由审查机关裁决后又提出不服审查请求的，称为再审查请求。

四、行政不服审查裁定

行政不服审查裁定是对行政机关对公众提出的不服申请经审查以后所作出处理决定的统称。由于行政不服审查种类不同，在处理决定的名称上也有差别：对于审查请求和再审查请求的处理决定称为"裁决"；对于异议申请的处理决定称为"决定"。由于两种处理决定在适用情形上相似，故可以（依据《行政不服审查法》第40条，第45～56条）总结如下：

1. 不受理裁定。适用于不服请求超过法定期限或在程序上与其他不合法的情形。

2. 驳回申请裁定。适用于所提出的不服请求没有理由。

3. 撤销裁定。适用于所提出的不服请求有理由。

4. 变更裁定。适用于所提出的不服请求有理由。

5. 履行裁定。适用于对不作为提出的不服请求有理由。

6. 确认违法或不当裁定。适用于虽然行政机关的行为具有违法或不当情形，但撤销该处分对公共利益产生显著损害时，受理请求的处理机关可以作出驳回申请请求裁决，并作出确认该处分违法或不当裁决。

 本章小结

我国行政复议制度是以《行政复议法》和《行政复议法实施条例》为支柱而建立起来的对行政争议的解决机制、公众的权利救济保护机制和行政机关系统内部监督机制。我国行政复议制度在体系上涵盖了行政复议范围、行政复议主体、行政复议程序、行政复议决定及执行等内容。对比韩国依据《行政审判法》而确立的行政审判制度和日本基于《行政不服审查法》而建立的行政不服审查制度，可以为完善我国行政复议制度提供借鉴。

拓展阅读书目

1. 吴东镐、徐炳煊：《日本行政法》，中国政法大学出版社2011年版，第五章第二节"行政不服申请制度"，第193～211页。

2. 杨建顺：《日本行政法通论》，中国法制出版社1998年版，第二十一章"行政不服申诉"，第662～694页。

3. ［韩］金东熙：《行政法Ⅱ》，中国人民大学出版社2008年版，第四编第三章第二节"行政审判"，第438～477页。

◗ 拓展案例

［日本］前桥城市计划事业认可案（2002）

（平成 14 年，最高裁判所第一小法庭判决）

1. 案件法律争议。日本《行政不服审查法》第 14 条第 1 款规定，"审查请求必须自得知已作出处分之日起 60 天内提起"。"作出处分之日"如何解释适用？

2. 案件事实。日本群马县知事根据《城市规划法》的规定，于 1996 年 9 月 5 日认可了前桥城市规划道路项目，并与 9 月 13 日作出告示。公民××不服该行为，遂于同年 12 月 13 日向日本建设大臣提起行政不服审查请求，建设大臣认为根据《行政不服审查法》第 14 条的规定，自作出告示之日起第 2 天起算，申请人的请求已超过申请期限，因此作出了不予受理决定。公民××进而提起诉讼。

3. 案件判决。一审东京地方法院驳回了公民××的诉讼请求；二审东京高等法院撤销了一审判决并撤销了建设大臣决定，理由是该院认为《行政不服审查法》中第 14 条规定的"得知已作出处分之日"是指"现实中知道之日"。建设大臣不服，提起上诉，最高法院判决撤销东京高等法院判决，驳回公民××诉讼请求，理由是《行政不服审查法》中第 14 条规定的"得知已作出处分之日"在本案中是指"作出告示之日"。

？ 思考分析题

1. 比较分析我国行政复议范围与韩国行政审判对象和日本行政不服审查对象在制度上的异同。

2. 比较分析我国行政复议决定类型与韩国行政审判裁决种类和日本行政不服审查裁定类别（包括适用情形）的异同。

第九章　比较行政赔偿法

本章导读

　　作为行政救济体系中的重要环节，行政赔偿是指因行政公权力违法行使而对公众造成损害，由国家承担赔偿责任。本章以我国《国家赔偿法》中所确立的行政赔偿制度——行政赔偿范围、请求人、赔偿义务机关、程序、赔偿方式、标准等——为基础，在比较法视角下，以基本概念、赔偿范围、赔偿途径等为框架，介绍分析了法国、德国、美国、韩国、日本等的行政赔偿法制。

　　本章重点是行政赔偿基本概念与国家赔偿体系，行政赔偿法制体系，行政赔偿范围、方式、途径等。本章难点是不同法域行政赔偿构成要件分析。

⚠️ 必读文献

　　1. 美国《联邦侵权索赔法》（1946）。

　　2. 日本《国家赔偿法》（1947）。

　　3. 韩国《国家赔偿法》（1967）。

　　4. 中国《国家赔偿法》（1994，2010）。

📖 基础案例

［法国］布朗戈案件判决（1873）L'arrêt Blanco（8 février 1873）

　　1. 案件法律争议。《法国民法典》第1382条规定，"任何行为使他人受损害时，因自己的过失而致使损害发生之人，对该他人负赔偿责任"；第1383条规定，"任何人不仅对因其行为所引起的损失，而且对因其自己的行为所造成的损害，对应由其负责的他人的行为或在其管理下的物件所造成的损害，均应负赔偿责任"。

对于国有公司（国有制烟厂）的运输车辆造成公众利益受损的，是应该按照普通民事侵权损害赔偿规则承担民事赔偿责任，还是应该另外按照不同的责任规则而由国家承担赔偿责任？

2. 案件事实。法国人让·布朗戈（Jean Blanco）5 岁的女儿阿涅·布朗戈（（Agnes Blanco）被吉伦特省（Gironde）国有的波尔多制烟厂（Une Manufacture de Tabac de Bordeaux）运输车（Un Wagonnet）撞伤，四名工人（quatre ouvriers）有过错（Le faute）。布朗戈先生向普通法院——波尔多民事法庭（tribunal civil de Bordeaux）起诉，要求国家按照民法上侵权行为的规定负赔偿责任。法院认为该案和国家行使公共权力无关因而受理了这个案件。吉伦特省省长（le préfet de Gironde）认为该案涉及国家作为债务人问题（une action en dommages –interets contre l'Etat），属于行政审判范围，普通法院无权受理，遂向权限争议法庭（Tribunal de conflits）提起权限争议。

3. 案件判决。法国权限争议法庭判决认为，国家由于公务中所使用的人，对私人所造成的损害的责任，不受民法中对私人相互关系所规定的原则的支配：这个责任既非普遍性的，也非绝对性的。它有其本身的特殊规则。这些规则根据公务的需要和平衡国家与私人利益的需要而变化。案件确立了对于因执行公务而造成公众合法权益受损害的，国家应该承担赔偿责任制度。

第一节　我国行政赔偿法

一、行政赔偿与行政赔偿法

（一）"行政赔偿"

1. 行政赔偿概念。作为法律概念，行政赔偿是指公民、法人和其他组织认为行政机关及其工作人员在行使行政职权过程中侵犯了其合法权益并造成损害依法要求国家予以赔偿的制度。

2. 行政赔偿特征。据此理解，行政赔偿具有如下特征：①行政赔偿的侵权主体是行政机关和行政机关的工作人员；②引起行政赔偿的侵权行为是行政职权行为，也就是说行政侵权行为是在行政机关和行政机关工作人员行使行政职权的过程中发生的；③行政赔偿的权利人即赔偿请求人是其合法权益受到侵权行为损害的公民、法人和其他组织；④行政赔偿的责任主体是国家，通常由行政赔偿义务机关代表国家进行行政赔偿。

3. 行政赔偿构成要件。在认识上，行政赔偿构成要件包括：①侵权行为主体是行政机关和行政机关的工作人员；②存在行政侵权行为且该行为是执行行政职务行为；③行政侵权行为客观上造成公民、法人和其他组织的损害事实；④行政侵权行为与损害事实之间存在因果关系。

4. 行政赔偿与国家赔偿。行政赔偿制度是我国国家赔偿制度的重要组成部分。根据《国家赔偿法》（1994，2010，2012）的规定，国家赔偿体系由行政赔偿、刑事赔偿和司法赔偿三类组成。刑事赔偿是指行使侦查、检察、审判职权的机关以及看守所、监狱管理机关及其工作人员在行使职权时对公民、法人和其他组织合法权益造成损害由国家予以赔偿的制度；司法赔偿是指人民法院在民事诉讼、行政诉讼过程中，违法采取对妨害诉讼的强制措施、保全措施或者对判决、裁定及其他生效法律文书执行错误，对公民、法人和其他组织合法权益造成损害，由国家予以赔偿的制度。

5. 行政赔偿与行政补偿。行政补偿是指行政机关对于因其行政职权行使过程中的合法行为给公民、法人或其他组织的合法权益造成损害而由其代表国家履行补偿性的给付救济的制度。根据我国《国家赔偿法》的立法框架和内容，很明确的是行政补偿没有被包括在内。实践中，行政补偿的依据主要是单行的法律、法规、规章，甚至是政策性的行政规范性文件。在外在表现形式上，最常见的有土地或房屋征收补偿、公益损害补偿等。

（二）"行政赔偿法"

1. 行政赔偿法制体系。行政赔偿法是指规范行政赔偿活动的法律规范体系。我国行政赔偿法制是以《宪法》为依据、以《国家赔偿法》为核心基础法律文件而建立的规范体系。

（1）《宪法》依据。我国《宪法》（1982）第41条第3款规定了"由于国家机关和国家工作人员侵犯公民权利而受到损失的人，有依照法律规定取得赔偿的权利"。

（2）《国家赔偿法》。在我国并不存在单一的《行政赔偿法》法典，但在我国存在一部统一的《国家赔偿法》（1994，2010，2012），其中第二章专章规定了行政赔偿，包括赔偿范围、赔偿请求人和赔偿义务机关以及赔偿程序。

（3）其他配套性法律文件。除此之外，规范行政赔偿的法律文件还包括其他配套性"行政法规"如《国家赔偿费用管理条例》（2010），"司法解释"如《最高人民法院关于审理行政赔偿案件若干问题的规定》（1997）。

2. 行政赔偿法制发展。关于我国行政赔偿法制发展，有四点值得说明：

（1）行政赔偿责任等同于民事责任阶段。在《国家赔偿法》（1994）出台之前，虽然《宪法》第41条第3款规定了国家赔偿责任，但关于国家赔偿责任的规定是放置在《民法通则》（1986）中的。该法在第六章"民事责任"，第三节"侵权的民事责任"，第121条规定，"国家机关或者国家机关工作人员在执行职务中，侵犯公民、法人的合法权益造成损害的，应当承担民事责任"。很显然，这是当时我国立法不完善的无奈之举。

（2）行政赔偿责任独立阶段。将行政赔偿责任从民事责任的窠臼中解放出来的任务是随着《行政诉讼法》（1989）的出台而实现的。该法第九章专章规定了侵权赔偿责任，条款上包括第67、68、69条。其中，第67条第1款规定，公民、法人或者其他组织的合法权益受到行政机关或者行政机关工作人员作出的具体行政行为侵犯造成损害的，有权请求赔偿。

（3）统一的国家赔偿法制阶段。随着统一的《国家赔偿法》（1994）的出台，行政赔偿、刑事赔偿与司法赔偿构筑起我国统一的国家赔偿责任体系。《侵权责任法》（2009）更清晰了这种责任体系：第5条规定，"其他法律对侵权责任另有特别规定的，依照其规定"。

但这时在立法体系上，《国家赔偿法》（1994）第二章行政赔偿和《行政诉讼法》（1989）第九章侵权赔偿责任共同规范着我国的行政赔偿责任制度，存在法制不统一的情形。

（4）统一的行政赔偿责任法制阶段。虽然《国家赔偿法》（2010，2012）在进入21世纪的第一个10年后进行了大幅度修订，但上述行政赔偿法制不统一的情形并未改变。这种状况是随着《行政诉讼法》（2014）的修订而改善的：此次修订中删除了第九章"侵权赔偿责任"的规定，因而关于行政赔偿责任问题统一适用《国家赔偿法》规定，进而在法制上实现了统一。

二、行政赔偿范围

行政赔偿范围是指对于行政机关及其工作人员的何种行为以及哪些损害可以要求国家承担赔偿责任。原则上，根据我国《国家赔偿法》第2条第1款的规定，国家机关和国家机关工作人员行使职权，有本法规定的侵犯公民、法人和其他组织合法权益的情形，造成损害的，受害人有依照本法取得国家赔偿的权利。具体而言，行政赔偿范围可以从如下三个方面理解：

（一）人身权损害赔偿

根据《国家赔偿法》第3条的规定，行政机关及其工作人员在行使行政职权时有下列侵犯人身权情形之一的，受害人有取得赔偿的权利：

1. 违法拘留或者违法采取限制公民人身自由的行政强制措施的。

2. 非法拘禁或者以其他方法非法剥夺公民人身自由的。

3. 以殴打、虐待等行为或者唆使、放纵他人以殴打、虐待等行为造成公民身体伤害或者死亡的。

4. 违法使用武器、警械造成公民身体伤害或者死亡的。

5. 兜底性规定，造成公民身体伤害或者死亡的其他违法行为。

（二）财产权损害赔偿

根据《国家赔偿法》第 4 条的规定，行政机关及其工作人员在行使行政职权时有下列侵犯财产权情形之一的，受害人有取得赔偿的权利：

1. 违法实施罚款、吊销许可证和执照、责令停产停业、没收财物等行政处罚的。

2. 违法对财产采取查封、扣押、冻结等行政强制措施的。

3. 违法征收、征用财产的。

4. 造成财产损害的其他违法行为，这也是一个兜底性的条款。

（三）不予赔偿

根据《国家赔偿法》第 5 条的规定，属于下列情形之一的，国家不承担赔偿责任：

1. 行政机关工作人员与行使职权无关的个人行为。

2. 因公民、法人和其他组织自己的行为致使损害发生的。

3. 法律规定的其他情形，这是一个准用性条款。

三、行政赔偿主体

作为学理概念，行政赔偿主体是指参加行政赔偿法律关系享有权利、承担义务的主体。根据我国《国家赔偿法》的规定，行政赔偿主体主要包括行政赔偿请求人和赔偿义务机关。

（一）赔偿请求人

行政赔偿请求人，作为法律概念，是指合法权益受行政机关及其工作人员的行政职权行为的侵害，依法要求国家予以赔偿的公民、法人或其他组织。根据《国家赔偿法》第 6 条第 1 款的规定，受害的公民、法人和其他组织有权要求赔偿。

行政赔偿请求人资格在特定情形下也会发生转移。根据《国家赔偿法》第 6 条第 2 款、第 3 款的规定，一是受害的公民死亡，其继承人和其他有扶养关系的亲属有权要求赔偿；二是受害的法人或者其他组织终止的，其权利承受人有权要求赔偿。

（二）赔偿义务机关

作为法律概念，行政赔偿义务机关是行政赔偿法律关系中与行政赔偿请求人相对应的另一方当事人，是指对于赔偿请求人的赔偿请求，能够以国家名义予以赔偿的行政机关。

对于具体情形下行政赔偿义务机关的认定，根据《国家赔偿法》第7条、第8条的规定，可做如下总结：

1. 行政机关及其工作人员行使行政职权侵犯公民、法人和其他组织的合法权益造成损害的，该行政机关为赔偿义务机关。

2. 两个以上行政机关共同行使行政职权时侵犯公民、法人和其他组织的合法权益造成损害的，共同行使行政职权的行政机关为共同赔偿义务机关。

3. 法律、法规授权的组织在行使授予的行政权力时侵犯公民、法人和其他组织的合法权益造成损害的，被授权的组织为赔偿义务机关。

4. 受行政机关委托的组织或者个人在行使受委托的行政权力时侵犯公民、法人和其他组织的合法权益造成损害的，委托的行政机关为赔偿义务机关。

5. 赔偿义务机关被撤销的，继续行使其职权的行政机关为赔偿义务机关；没有继续行使其职权的行政机关的，撤销该赔偿义务机关的行政机关为赔偿义务机关。

6. 经复议机关复议的，最初造成侵权行为的行政机关为赔偿义务机关，但复议机关的复议决定加重损害的，复议机关对加重的部分履行赔偿义务。

四、行政赔偿方式

行政赔偿方式，作为法律概念，是指行政赔偿义务机关代表国家向赔偿请求人承担责任的具体方式。根据《国家赔偿法》的规定，行政赔偿方式总结起来由如下情形：

（一）支付赔偿金

根据《国家赔偿法》第32条第1款的规定，国家赔偿以支付赔偿金为主要方式。赔偿金作为赔偿方式既适用于对赔偿请求人的财产损害，也适用于人身权损害（包括人身自由权损害和生命健康权损害）。

（二）返还财产、恢复原状

对于行政赔偿请求人财产造成损害，依据具体情形可以适用返还财产或者恢复原状。根据《国家赔偿法》第32条第2款的规定，能够返还财产或者恢复原状的，予以返还财产或者恢复原状。《国家赔偿法》第36条亦有进一步规定，如处罚款、罚金、追缴、没收财产或者违法征收、征用财产的，返还财产；查封、扣押、冻结财产的，解除对财产的查封、扣押、冻结等。

（三）消除影响、恢复名誉、赔礼道歉

根据《国家赔偿法》第35条的规定，侵犯公民人身权且致人精神损害的，应当在侵权行为影响的范围内，为受害人消除影响，恢复名誉，赔礼道歉。

（四）支付精神损害抚慰金

根据《国家赔偿法》第 35 条的规定，有本法第 3 条或者第 17 条规定情形之一，致人精神损害造成严重后果的，应当支付相应的精神损害抚慰金。

五、行政赔偿途径

行政赔偿途径是行政赔偿程序的一个组成部分。行政赔偿程序是指行政赔偿请求人向赔偿义务机关请求行政赔偿，行政赔偿义务机关处理行政赔偿申请，以及人民法院解决行政赔偿纠纷的步骤、方式、顺序、时限等。具体而言，行政赔偿途径是指行政赔偿请求人要求国家予以赔偿时的通道选择。《国家赔偿法》第二章第三节专门规定了"行政赔偿程序"，关于行政赔偿途径，《国家赔偿法》第 9 条第 2 款规定，赔偿请求人要求赔偿，应当先向赔偿义务机关提出，也可以在申请行政复议或者提起行政诉讼时一并提出。据此，行政赔偿途径包括两种选择：①单独行政赔偿途径；②一并（附带）行政赔偿途径。

（一）单独行政赔偿途径

这是指行政赔偿请求人只要求对于行政职权行为（侵权行为）造成的损害由国家予以赔偿，而对于行政侵权行为本身的合法、适当与否在所不论。这时行政赔偿请求人只能先向行政赔偿义务机关请求先行作出是否给予赔偿的决定，如行政赔偿请求人对于赔偿义务机关的处理行为不服，可以向人民法院提起行政赔偿诉讼。学理上称之为行政赔偿义务机关的"先行处理程序"或"前置程序"。

在受理了行政赔偿请求人的赔偿请求后，赔偿义务机关的处理行为通常表现为三种形态：作出赔偿决定、作出不予赔偿决定以及在法定期限内未作出是否给予赔偿的决定。《国家赔偿法》第 14 条规定，赔偿请求人对赔偿的方式、项目、数额有异议的，或者赔偿义务机关作出不予赔偿决定的，赔偿请求人可以自赔偿义务机关作出赔偿或者不予赔偿决定之日起 3 个月内，向人民法院提起诉讼。赔偿义务机关在规定期限内未作出是否赔偿的决定，赔偿请求人可以自期限届满之日起 3 个月内，向人民法院提起诉讼。

（二）附带（一并）行政赔偿途径

附带行政赔偿途径，顾名思义，是指行政赔偿请求人对于行政职权行为（侵权行为）既对其本身的合法性、适当性不服；同时又对该行为所造成的损害要求由国家给予赔偿；在外在表现形态上通常是行政复议附带行政赔偿和行政诉讼附带行政赔偿。

六、行政追偿

根据《国家赔偿法》第 16 条第 1 款的规定，赔偿义务机关赔偿损失后，应当责令有故意或者重大过失的工作人员或者受委托的组织或者个人承担部分或者全部赔偿费用。

第二节　法国行政赔偿法

一、行政赔偿与行政赔偿法

（一）法国的公法人赔偿和公职人员个人赔偿

在法国，依据权限争议法庭、普通法院以及最高行政法院不断累积且发展的判决，对于因公权力行使对公众合法权益造成损害而引起的赔偿，根据过错主体和责任承担主体的不同，区分为公法人赔偿责任和公职人员个人赔偿责任（里韦罗，585～670；王名扬教授则分别称之为行政主体的赔偿责任和公务员的行政赔偿责任，709～757）。

公法人赔偿责任，简单讲，是指在行政公权力行使过程中，由于公务过错对公众的合法权益造成损害而由国家承担的赔偿责任。

公职人员个人赔偿责任，是指公职人员在执行公务的过程中，由于个人过错而对公众合法权益造成损害而由其本身承担的赔偿责任。

（二）法国的法院行政赔偿判例

在法国的法律体系中并不存在一部统一的《国家赔偿法》或《行政赔偿法》法典；其行政赔偿法制是由法院——权限争议法庭、普通法院、最高行政法院——判决累积、发展而成的。

二、行政赔偿构成要件

根据法国法院判决和行政法学理论，通常认为，公法人赔偿的构成要件包括：

1. 确有损害即损害的客观存在。同时，能够获得赔偿的损害需具备如下性质或特征：

（1）损害是确实的如当前的损害、未来不可避免的损害等，或然的、潜在的损害则应当予以排除。

（2）损害必须是直接的即损害与公务行为有着直接、确定的联系。

（3）损害必须是个别的、特定的。

（4）损害针对的是合法的权益（里韦罗，599）。随着法院判决的发展，精神损害也纳入到公法人赔偿责任中了。

2. 责任可以归咎于特定公法人。在理解上，责任归咎包括三个方面：

（1）损害必须与某个公法人的行为联系在一起，换言之，公法人只对直接与自己相关的行为负责，而对间接引起的损害不承担责任。

（2）公法人是可以明确的法国公法人。

（3）不存在免除公法人赔偿责任的情形。根据法国法院判决及法律，可以全部或部分免除公法人赔偿责任的情形包括不可抗力、意外事件、受害者过错（受害者本身使得损害不可避免或加重）、第三人行为、可接受的风险例外（受害者故意无视突如其来的损害，公权力不承担赔偿责任）等（里韦罗，610~611）。

3. 存在公务过错（里韦罗称之为"公务过失"、"行政过失"，612）。简单讲，公务过错是指不履行应当履行的公务职责（值得说明的是，公务过错存在是公法人承担赔偿责任的一般原则；根据法国法院判决和法律，在某些情形下如职业风险、危险物危险活动致害、社会经济措施致害等，公法人公务行为虽无过错但其也要承担赔偿责任，此即无过错责任。参见：里韦罗，626~648）。在理解公务过错时，应把握如下内容：

（1）公务过错是公务正常运转过程中的失职失责。里韦罗教授的解释比较形象，即对于任何一项公务，人们都有充分理由期待其达到中等运转水平且能够随着认为和形式的变化而调整，处于中等水平以下就是有过错（里韦罗，613）。

（2）过错是由公职人员造成的，但又不能归咎于公职人员个人。这就是法国公权力责任体系中核心的公务过错和公职人员个人过错的划分，该制度是由派勒悌耶案判决（1873）确立的。在该案判决中，权限争议法庭认为对于公职人员的过错要进行区分，如果公职人员的过错与公务行为的履行密不可分，那么该过错就是公务过错；相应地，如果该过错与公务行为没有关联，那么该过错就会被认定为公职人员的个人过错（如故意或特别严重过错）。区分的意义在于最终的责任承担：对于因公务过错造成的侵权行为要由公法人承担赔偿责任；而对于因公职人员个人过错造成的损害则要由其个人本人承担赔偿责任。

（3）公务过错要根据具体案件具体判断。根据法院判决，公务过错在外在表现形式上可能是事实行为，也可能是法律行为；可能是有意的，也可能是无意的；可以表现为积极作为，也可以表现为消极不作为如疏忽怠慢、未采取预防措施等；甚至是迟延决定或一条错误信息；等等。

（4）公务过错具有等级差别。根据法国最高行政法院判决，公务过错可以划分为简单过错、严重过错、显著过错和特别严重过错四个等级（也有法院判决认为公务过错可以分为两个等级：简单过错和严重过错。里韦罗，617）。

三、行政赔偿范围、方式、途径及行政追偿

根据法国法院判决，除开上述可以免除公法人赔偿责任的情形外，公众可以对公法人的过错公务行为和无过错公务行为提起赔偿诉讼。

根据法国法院判决，公法人赔偿责任承担方式主要就是支付赔偿金，赔偿金可以一次性支付，也可以按年度支付。

根据法国法院判决，公法人赔偿责任由行政法院管辖；而公职人员的个人赔偿责任区分两种情形进行管辖：①公职人员对一般受害人承担的赔偿责任，由普通法院管辖；②公职人员对公法人承担的赔偿责任，由行政法院管辖。

根据法国法院判决，法国并不存在准确意义上的行政追偿制度。对于公职人员的个人过错造成的损害，法国法院判决认定，应该由公职人员本人以其私人财产对受害人承担赔偿责任；除此之外，公职人员还有可能要向其所属的公法人承担赔偿责任（参见里韦罗，649～655）。

第三节 德国行政赔偿法

一、行政赔偿与行政赔偿法

（一）德国的行政赔偿、国家赔偿与行政补偿

在德国行政法学者看来，国家赔偿是比较棘手的领域——"（公法赔偿）是一般行政法中内容和体系最复杂、争议最大的组成部分"（沃尔夫，343）。即便如此，也是有某些共识和通用的理论存在的。在德国的法制和法学理论中，通常认为，国家赔偿（或称"公法赔偿"）是由损害赔偿和补偿共同构建而成（沃尔夫，第二卷，343；毛雷尔，618）。行政赔偿与行政补偿则又是相应的国家损害赔偿和国家补偿概念的下位概念。行政赔偿是指国家行政机关的违法活动造成公民损害而应由国家承担的赔偿责任；行政补偿则指称行政机关为了实现特定任务或公共福祉而合法地使用公民个人的合法利益从而造成公民个人权益减损，基于公平考虑而给予其相应的补偿的行为。

（二）德国的行政赔偿法

目前，在德国的法制体系中并不存在统一的《国家赔偿法》法典或《行政赔偿法》、《行政补偿法》法典。支撑起德国行政赔偿法制的核心法律条文是德国《民法典》第839条和《基本法》第34条的规定。德国行政法学者沃尔夫教授将这两条规定称为德国国家职务赔偿责任法制的两大支柱（沃尔夫，348）。

德国《民法典》第839条规定，"公职人员故意或过失违反针对第三人的强制性义务，应当赔偿第三人遭受的相应损害"。

德国《基本法》第34条规定了违反公职义务的责任，可细分为三句：

第一句，"公职人员受委托执行公务时，相对第三人违反了有关应履行的公职义务的，原则上由国家或其所在的公共服务机构承担责任"。

第二句，"出于故意或有重大过失的，国家或公共服务机构对此保留追偿权"。

第三句，"对于有关损害赔偿请求权和追偿权，得向普通法院起诉"。

从上述两条具体内容可见，其规定是各有偏重的：《民法典》第839条是设定公民对国家职务赔偿责任的请求权规范；而《基本法》第34条则是设定了职务赔偿责任归属的规范（沃尔夫，348）。

除此之外，德国行政赔偿法制体系中不可忽视的一个环节是德国普通法院（最高法院系统）[1] 的判决。

二、行政赔偿构成要件

根据德国《民法典》第839条、《基本法》第34条的规定和普通法院（主要是最高法院）判决以及学术理论，通常认为，德国行政赔偿（职务赔偿）的构成要件包括：

1. 侵权行为应该是公职人员执行职务过程中实施的行为。"公职人员"应该作广义理解，即被委托执行公务的任何人，包括公务员以及从事公务的其他职员和个人。公职人员的职务活动（即常说的公务）是指自然人或法人被临时或长久地赋予执行本应该由国家执行的任务。

2. 公职人员的行为违反了职务义务。"职务义务"是指公职人员以执行特定公务为目的的、公法上的行为义务，包括作为义务、不作为义务或容忍义务等。根据法院判决和学术理论，通常认为职务义务可以有如下形式：合法行为的义务，遵守部门法规定的管辖权和程序的义务，遵守比例原则的义务，遵守裁量权行使的法定界限的义务，遵守可直接适用于欧盟法的义务，谨慎行为、照顾没有参与的第三人的义务，作出全面正确答复、教示、提示或告诫的义务，及时作出实体性决定的义务，保持行为连贯性和一致性的义务等（沃尔夫，358～359）。

3. 公职人员对于职务义务的违反影响到公民权利（与第三人有关联性）。

4. 公民所遭受到的损害与公职人员违反职务义务行为之间存在相当的因果

---

〔1〕 德国法院体系包括宪法法院、普通法院和专门法院（行政法院、社会法院、劳动法院、财税法院）

关系。

5. 公职人员在违反职务义务的行为中存在过错即有故意或过失。当前，德国行政法学界根据法院判决通常对公职人员的过错做客观化和非个人化的理解，如确立过程推定原则，一旦确认了违反职务义务就意味着直接确认了特定公职人员的过错（另可参见毛雷尔教授关于职务赔偿的构成要件：执行公务，违反对第三人应尽义务，公职人员存在过错，违反职务行为与损害结果之间具有相当因果关系。623～633）。

三、行政赔偿范围、方式、途径及行政追偿

在德国的行政赔偿法制中，消极的行政赔偿范围或行政赔偿责任限制是其一项重要内容。根据德国《民法典》第 839 条第 3 款的规定，受害人故意或过失不通过寻求法律救济避免损害的，赔偿义务免除。根据法院判决，如果违反职务行为的发生是由受害人的原因造成的，应当认定为受害人有过错，这会减轻或免除国家赔偿责任。

根据德国赔偿法制和法院判决，行政赔偿责任方式主要是支付赔偿金。根据德国《民法典》第 847 条的规定，对于公民的非物质性损害，国家还应支付抚慰金，这尤其适用于行政机关声明错误侵害了公众的一般人格权的情形。

在德国行政赔偿法制中，公众因合法权益受违反职务行为侵犯并造成损害而请求国家予以赔偿的途径主要是向德国法院体系中的普遍法院提起赔偿诉讼。对此，德国《基本法》第 34 条第 3 句规定，"对于有关损害赔偿请求权和追偿权，得向普通法院起诉"。德国《行政法院法》（1960）第 40 条第 2 款也规定了，"不涉及公法合同的因违反公法义务而生的赔偿请求权，由普通法院管辖"。而且职务赔偿诉讼是由普通法院系统中的地方法院作为第一审法院（德国《法院组织法》第 71 条第 2 款第 2 项）。

在德国的行政法制中，国家对于造成公众合法权益损害的公职人员的职务行为承担赔偿责任后，如果公职人员在此行为的履行过程中存在故意或重大过失，那么国家可以要求此公职人员承担相应的赔偿责任，即国家对该公职人员享有追偿权。德国《基本法》第 34 条第 2 句规定，"出于故意或有重大过失的，国家或公共服务机构对此保留追偿权"。

第四节 美国行政赔偿法

一、行政赔偿与行政赔偿法

（一）美国的联邦政府侵权赔偿责任和联邦政府职员赔偿责任

在美国的法制体系中，与联邦政府行政职权行使相关的赔偿责任，根据法律依据和侵权行为人不同，区分为联邦政府侵权赔偿责任和联邦政府职员侵权赔偿责任。前者是指公众对于联邦政府在行政职权行使过程中的违法、不当或不作为造成损害而要求国家予以赔偿的责任制度；后者是在执行职务过程中联邦政府职员的与职务有关的行为造成公众损害而由国家予以赔偿的责任制度。

（二）美国的《联邦侵权索赔法》

美国的联邦行政赔偿法由两个核心法律文件构成：①《联邦侵权索赔法》（Federal Tort Claims Act 1946），该法主要规范联邦政府赔偿责任；②《联邦职员责任改革和侵权赔偿法》（Federal Employees Liability Reform and Tort Compensation Act 1988），该法主要规范联邦政府职员侵权赔偿责任。

二、行政赔偿构成要件

美国人称之为"诉讼原因"，即当事人能够控告政府承担赔偿责任的条件。根据《联邦侵权索赔法》的规定，原告请求国家赔偿必须符合如下条件（美国联邦政府侵权赔偿责任构成要件）：

1. 原告的请求只能是金钱赔偿。

2. 侵权损害限于财产的损坏、丧失或人身损伤、死亡。

3. 损害是由过失的或不法的行为或不行为造成。

4. 侵权行为者是联邦政府职员即其所属单位为联邦政府机关，具体而言又包括联邦政府机关的官员或职员、美国军队的成员、代表美国联邦政府机关活动的人。

5. 侵权行为是政府职员职务范围内的行为。

6. 联邦政府承担类似于普通民众根据侵权行为地法律所应负的责任（王名扬，757~771）。

三、行政赔偿范围、方式、途径及行政追偿

在美国，行政赔偿范围的一个重要方面是对于联邦政府的违法的、不当的作为或不作为可以要求其承担赔偿责任；另一重要方面是政府免于承担赔偿责任的情形规定。根据《联邦侵权索赔法》第2680节的规定，有14种例外，总结起来

可分三类：

1. 政府行使自由裁量权的例外。这又包括两种情形：①联邦政府职员在执行法律法规中的作为或不作为已经尽到了适当的注意义务；②联邦行政机关或职员行使自由裁量权的作为或不作为，不考虑自由裁量权是否被滥用。

2. 政府职员故意侵权行为的例外。《联邦侵权索赔法》列举了11项内容，如人身攻击、殴打、非法禁闭、非法逮捕、恶意追诉、滥用诉讼程序、诽谤、污蔑、欺骗、虚假陈述等。

3. 其他例外。主要是其他特别法已经规定了救济手段，因而不适用《联邦侵权索赔法》，如邮政运输、海事案件、检疫、财政活动、租税关税中的扣留货物等（王名扬，777～786）。

根据美国《联邦侵权索赔法》的规定，联邦政府承担赔偿责任的主要方式是金钱赔偿。

根据美国《联邦侵权索赔法》的规定，当事人对于联邦政府侵权行为要求国家承担赔偿责任，必须要先向特定的侵权义务机关主张其赔偿请求，只有当联邦政府机关在接到当事人赔偿请求后在法定期限内（6个月）不作决定或不满意已作决定，其才可以向法院寻求司法救济。这是典型的美国司法审查制度中"穷尽行政救济"原则在行政赔偿领域的体现。如果侵权赔偿进入诉讼阶段，按照美国法制，当事人需要向其居住地的联邦地区法院或侵权行为发生地的联邦地区法院提起诉讼，或者说上述法院有管辖权（王名扬，752～753）。

在美国行政赔偿法制中，不存在完整意义上的行政追偿制度，而且《联邦职员责任改革和侵权赔偿法》规定了政府职员的侵权行为责任也是由国家承担〔但对于政府职员侵犯当事人宪法权利案件（Constitutional Torts），国家不承担赔偿责任，需要受害人向侵权职员本人主张赔偿责任〕。

第五节　日本行政赔偿法

一、行政赔偿与行政赔偿法

（一）日本的国家补偿、国家赔偿与损害补偿

在日本的行政法学体系中，将与国家权力行使相关的对民众合法权益造成减损而出于公平负担目的进行补偿的制度称为"国家补偿"。国家补偿，根据造成民众合法权益减损的行为的性质即合法行为或违法行为，又可相应区分为损失补

偿和国家赔偿。其中，国家赔偿，根据日本《国家赔偿法》（1947）的规定，又可以区分为"公权力损害赔偿"（第1条）和"公共设施损害赔偿"（第2条）。

值得说明的是，在日本行政法学理论体系中，通常很难看到准确的"行政赔偿"概念的使用，往往是根据《国家赔偿法》的规定和法院判例统一讲解国家赔偿（参见盐野宏，443~515；宇贺克也，7~353）。我们所讲的行政赔偿的概念，在日本的行政法学体系和法制体系中，应该是国家赔偿的组成部分的"公权力损害赔偿"的又一组成部分，因为公权力的范围不限于行政权，还包括立法权、司法权（也正因为如此，只有在中国学者——基于与我国法制相对接目的——介绍日本行政法时才使用"行政赔偿"或"行政损害赔偿"概念。参见，杨建顺，617~661）。

（二）日本的《国家赔偿法》

日本行政赔偿法制的核心法律文件是日本《国家赔偿法》（1947）。根据该法规定，日本国家赔偿可以区分为"公权力损害赔偿"（第1条）和"公共设施损害赔偿"（第2条）。该法在立法内容和立法框架上计6条，可以说是世界上条文最少的国家赔偿法（胡建森，205）。

日本的行政赔偿法制（更上位阶的国家赔偿法制，下同）的确立是有其宪法依据的。《日本国宪法》第17条"国家及公共团体赔偿责任"规定了"任何人在由于公务员的不法行为而受到损害时，均得根据法律的规定，向国家或公共团体提出赔偿的要求"。

日本行政赔偿法制的法律依据还有民法规定，因为根据日本《国家赔偿法》第4条的规定，"对于国家或公共团体的损害赔偿责任，除前3条规定外，依照民法规定"。

此外，日本《国家赔偿法》第5条规定，"关于国家或公共团体的损害赔偿责任，民法以外的其他法律另有规定的，从其规定"。

这样，日本行政法制体系上就包括了宪法、国家赔偿法、民法及其他法律规定。

二、行政赔偿构成要件

前有交代，根据日本《国家赔偿法》，其国家赔偿可以区分为公权力损害赔偿和公共设施损害赔偿，此处仅以公权力损害赔偿为例分析其构成要件。根据日本《国家赔偿法》第1条第1款的规定（"行使国家或公共团体权力的公务员，对于其执行职务，因故意或过失而违法造成他人损害的，国家或公共团体承担赔偿责任"）、行政法学理论和法院判例，通常认为，公权力损害赔偿构成要件包括：

1. 造成损害主体是国家或公共团体。

2. 代表国家或公共团体行使公权力的是其公务员。

3. 侵权行为是公权力的行使。此处根据日本法院判例认同对"公权力"采取广义理，解即除去国家的私经济作用和本法第 2 条规定的公共设施设置管理活动以外的其他所有活动。

4. 行使公权力的公务员的行为具有主观上的故意或过失，同时客观上是违法的行为，包括作为或不作为。对于此要件的解读，法院判例和行政法学届倾向于认为采用"两阶段论"来判断要件成就与否，即先看职权行为的违法与否，如确认违法，再判断主观上的过错。而且对于公务员的过错即故意和过失，在学理上和法院实践上倾向于采纳客观化的标准，如判断公务员是否违反了注意义务。

5. 公权力的行使是为了执行职务。根据最高法院判决和行政法学理论，对于"执行职务"采纳"外形论"，即根据公权力行使行为的外在表现来判断：只要客观上履行了执行职务外在表现的行为，就可以认定是"执行职务"，而无需考量公务员本人主观上意思如何（参见盐野宏，455～474）。

三、行政赔偿范围、方式、途径及行政追偿

根据日本《国家赔偿法》（1947）的规定，国家赔偿可以区分为"公权力损害赔偿"（第 1 条）和"公共设施损害赔偿"（第 2 条）。这种区分也适用于行政赔偿范围，即行政公权力损害赔偿和公共设施损害赔偿。

日本《国家赔偿法》没有对行政赔偿（国家赔偿）责任承担方式作出明确规定，但其第 4 条、第 5 条准用民法和其他法律的规定解决了这个问题。根据法院判决，日本行政赔偿责任的承担方式主要也是支付赔偿金，涉及精神损害时，要支付慰问金。

根据日本《行政案件诉讼法》和法院判例，对公权力行使的损害赔偿，受害人可以根据《行政案件诉讼法》向法院主张撤销该违法行为即"撤销诉讼"；也可以根据《国家赔偿法》向法院主张赔偿即赔偿诉讼，不过要根据民事诉讼规则进行。公共设施损害赔偿诉讼途径如上述后者。

日本《国家赔偿法》明确规定了国家赔偿的追偿制度。《国家赔偿法》第 1 条第 2 款规定，对于公权力损害赔偿责任，"在前款情形中，公务员有故意或重大过失的，国家或公共团体对该公务员有追偿权"。《国家赔偿法》第 2 条第 2 款规定，关于公共设施损害赔偿，"在前款情形中，其他人对损害原因应承担责任的，国家或公共团体对其有追偿权"。

第六节 韩国行政赔偿法

一、行政赔偿与行政赔偿法

（一）韩国的行政损害填补、行政损害赔偿与行政损害补偿

在韩国的行政法学理论体系中，行政赔偿（行政损害赔偿）与行政损害补偿共同构成了行政损害填补制度。行政损害填补是指本着公共负担平等的原则对当事人因行政机关职权行为受到的合法权益减损承担填补责任。简单讲，根据行政机关职权行为的性质不同即合法行为或违法行为，行政损害填补又区分为行政损害补偿和行政损害赔偿，前者针对合法职权行为而言，后者针对违法行为而言。其中，根据韩国《国家赔偿法》（1951，2000）的规定，行政损害赔偿又可以区分为公务员违法职务行为的损害赔偿和公共营造物设置管理瑕疵的损害赔偿。

（二）韩国的《国家赔偿法》

韩国行政赔偿法制的核心法律文件为《国家赔偿法》（1951，1967，2000）。该法在立法框架和立法内容上包括国家赔偿范围、赔偿方式与标准、赔偿责任主体、赔偿程序等，共计18条规定。

韩国行政赔偿法制也是有宪法依据的，根据韩国《宪法》第27条第2款的规定，"由于公务员职务上的不法行为而受到损害的国民，可依据法律请求国家或公共团体给予正当的赔偿。此时，公务员自身责任不能免除"。

另外，韩国行政赔偿法也准用民法规定，韩国《国家赔偿法》第8条规定，"有关国家或地方自治团体的赔偿责任，除本法有特别规定外，都遵循民法规定。但民法以外的法律另有规定的，从其规定"。

二、行政赔偿构成要件

前面提及，韩国《国家赔偿法》关于行政赔偿是区分了公务员违法职务行为损害赔偿和公共设施设置管理瑕疵损害赔偿，此处基于行文关联性，仅阐释前一种损害赔偿。根据《国家赔偿法》第2条第1款的规定，"公务员在执行职务时，因故意或过失违反了法令而给他人造成了损害，或者依据汽车损害赔偿保障法的规定，有损害赔偿责任的情况下，国家或地方自治团体应当赔偿该损害"。据此，韩国公务员职务赔偿构成要件包括：

1. 侵权行为是公务员的行为。此处，公务员应作广义理解，既包括国家公务员、地方公务员，也包括受公务委托而从事公务活动的所有人。

2. 公务员的行为是其职务行为。"职务"也应作广义理解，不仅包括公行政作用的权力作用和管理作用，也包括私经济作用（金东熙，378）。

3. 损害是在职务履行中发生的。根据公认的学说和判例，职务履行行为应客观地根据是否具有职务行为的外形来判断。

4. 履行职务的行为违法。"违法"亦需作广义理解，如违反行政规则、不当的裁量处分等，也应看作是"违法"。

5. 侵权行为是出于公务员的故意或过失而造成。虽然形式是过错责任主义，且过错主要是行为人的主观状态，但对于国家赔偿中的过错，学理上倾向于采纳客观化的理解，即将过错理解为国家等行政主体的作用未达到正常水准的状态或国家作用存在缺陷（金东熙，383～384）。

6. 侵权行为对他人合法权益造成损害，且损害客观存在。损害可以是消极的损害，也可以是积极的损害；可以是物质性损害，也可以是非物质性精神损害。

7. 损害和侵权行为之间具有直接因果关系。

三、行政赔偿范围、方式、途径及行政追偿

根据韩国《国家赔偿法》的规定，行政赔偿既包括公务员违法职务行为损害赔偿，也包括公共设施设置管理瑕疵损害赔偿。特别是后者值得说明，根据《国家赔偿法》第5条第1款的规定，"由于道路、河流及其他公共营造物的设置或管理存在瑕疵而对他人造成损害时，国家或地方自治团体应当负责赔偿该损害"。

根据韩国《国家赔偿法》的规定，行政赔偿责任的主要承担方式是支付赔偿金，恢复原状也可以作为责任方式使用。

根据修订后的韩国《国家赔偿法》第9条的规定，"依据此法进行的损害赔偿诉讼，可以不向赔偿审议会进行赔偿申请，而是直接提出"。对于公务员的违法职务行为造成的损害如要求国家赔偿，当事人可以自由选择赔偿程序：可以向赔偿审议会提出，也可以直接向法院提出赔偿诉讼。

根据韩国《国家赔偿法》的规定，韩国的行政赔偿法制中存在行政追偿制度。虽然《国家赔偿法》第2条第1款规定，公务员的违法职务行为由国家承担赔偿责任，即"公务员在执行职务时，因故意或过失违反了法令而给他人造成了损害，或者依据汽车损害赔偿保障法的规定，有损害赔偿责任的情况下，国家或地方自治团体应当赔偿该损害"。但该条第2款又规定了国家的追偿权利，即"公务员有故意或重大过失时，国家或地方团体可以向该公务员求偿"。

相似情形如，公共营造物设置管理瑕疵损害虽然要由国家承担赔偿责任，但

也存在国家可以求偿的情形。《国家赔偿法》第 5 条第 1 款规定，"由于道路、河流及其他公共营造物的设置或管理存在瑕疵而对他人造成损害时，国家或地方自治团体应当负责赔偿该损害"。第 2 款规定，"根据第 1 款，对于损害原因，如果有其他应当承担责任的人，国家或地方自治团体可以对其进行求偿"。

 本章小结

行政赔偿是行政救济体系中的重要环节。以《国家赔偿法》为核心的法律文件构建起的我国行政赔偿法制包括行政赔偿范围、行政赔偿请求人和赔偿义务机关、行政赔偿方式和标准等。在比较法视角下，德、法、美、日、韩等国均建立起自己的行政赔偿法体系，但外在表现形式上有差异，比如美国、日本、韩国等均制定了与行政赔偿相关的法典，法国的行政赔偿法制则主要体现在其法院判例，德国的行政赔偿法制则是既有制定法依据如民法等，又体现在法院判决中。

拓展阅读书目

1. ［日］宇贺克也：《国家补偿法》，肖军译，中国政法大学出版社 2014 年版。

2. ［美］史蒂文·J. 卡恩：《行政法：原理与案例》，张梦中等译，中山大学出版社 2004 年版，第十章"起诉政府"，第 582 ~ 653 页。

3. ［韩］金东熙：《行政法 I》，赵峰译，中国人民大学出版社 2008 年版，第四编第二章"行政损害填补"，第 369 ~ 401 页。

拓展案例

一、［法］派勒怫耶案件判决（1873）

案件确立了国家赔偿责任中的公务过错和公务员个人过错划分。

二、［美］代尔海特诉美国案（1953）**和美国诉法利哥航空公司案**（1984）

案件争议在于自由裁量权免责适用与否。

三、［美］比文思诉联邦毒品局六名未具名执法人员案（1971）

案件争议在于故意侵权豁免适用与否。

四、［美］莱恩诉皮纳案（1996）

案件揭示了死而不僵的"主权豁免"原则。

？思考分析题

1. 比较分析不同法域中的行政赔偿与行政补偿、国家赔偿、行政追偿制度。
2. 比较分析不同法域中的行政赔偿法制体系及其对我国的启示。
3. 比较分析不同法域中的行政赔偿范围。
4. 比较分析不同法域中的行政赔偿构成要件。
5. 比较分析不同法域中的行政赔偿构成要件中的过错要件。
6. 比较分析不同法域中的行政赔偿途径及其对我国的借鉴。

附　录

附录一 行政程序法

美国联邦行政程序法（节录）*

（1946 年 6 月 11 日第七十九届国会通过，1966 年 9 月 6 日编入《美国法典》，1978 年第九十五届国会修订）

第五编 政府组织和雇员

第五章 行政程序
第二节 行政程序

第 551 条（定义）

本节所称：

（一）"机关"系指美国政府各机关，而不论其是否隶属于另一机关，也不论其是否受另一机关的监督。但它不包括：

1. 国会；

2. 美国法院；

3. 美国领地政府和属地政府；

4. 哥伦比亚特区政府；

除为实现本法第 552 条之规定外，下列各机关也不包括在机关之内：

5. 由纠纷各方当事人的代表或由纠纷各方当事人所在组织的代表组成的以解决纠纷的机关；

6. 军事法院和军事委员会；

7. 在战时战区或占领地的军管当局；

8. 根据《美国法典》第 12 编第 1738 条、第 1739 条、第 1743 条和第 1744 条；第 41 编第 2 章；第 50 编附录的第 1622 条、第 1884 条、第 1891 条至第 1902 条、及第 1641 条第 2 款第 2 项的规定行使职权的机关。

（二）"人"包括个人、合伙、公司、社团及不属于机关的公、私组织。

（三）"当事人"包括被列为和被承认为当事人的人和机关，或有权成为当事人

---

* 徐炳、刘曙光，译；潘汉典，校。

并通过正当方式要求成为当事人的人和机关，以及在机关提起的诉讼中，机关为了某一特定目的而承认其为当事人的人和机关。

（四）"规章"系指机关为执行、解释、说明法律或政策，或为了规定机关的组织、程序或活动规则而发布的普遍适用于专门事项的、对未来有拘束力的文件的全部或其中一部分；还包括批准或规定未来的收费标准、工资、法人体制或财经体制及其改革、价格、设施、器具、服务费或津贴费，还包括批堆或规定财产估价、成本费用、记账以及与上述各项相关的活动。

（五）"制定规章"系指机关制定、修改或废除规章的活动。

（六）"裁决令"系指机关对某一问题（除制定规章以外的问题，但包括核批许可证中的问题）所作的最终处理决定的全部或一部，裁决令可采用肯定性的、否定性的、禁止性的或宣告性的形式。

（七）"裁判"系指机关制作裁决令的活动。

（八）"许可证"包括机关核发的执照、证书、批准书、注册证书、章程、成员资格证书、法定豁免和其他形式的许可文书的全部或一部。

（九）"核发许可证"包括机关批准、延续、拒绝批准、吊销、暂停、废止、收回、限制、修改、变更许可证的活动，以及为许可证规定一定条件的活动。

（十）"制裁"包括机关下列措施的全部或一部：

1. 禁止令、强制令、限制令或其他影响人身自由的措施；

2. 不予救济；

3. 罚款或罚金；

4. 销毁、禁止使用、没收、扣留财产；

5. 确定损害赔偿金额、应偿还金额、费用、酬金、收费额、责令赔偿或恢复原状；

6. 吊销或暂停许可证，或对许可证附加限制性条件；

7. 采取其他强制性或限制性措施。

（十一）"救济"包括机关下列行为的全部或一部：

1. 给予金钱、帮助、许可证、职权、豁免、优惠、特权或补偿；

2. 承认请求、权利、豁免、特权、免税、优惠；

3. 应个人之申请或请求而采取的其他对其有利的措施。

（十二）"机关诉讼"包括机关从事的本条第5款、第7款、第9款规定的活动。

（十三）"机关行为"包括机关规章、裁决令、决定、许可、制裁和救济的全部或一部；机关采取的其他类似的行为及其否定行为和不作为的全部或一部。

（十四）"单方面通告"是指未载在公开记录上的用口头或书面方式所作的通告，这种通告没有在事前的适当时候用适当方式告知所有当事人。但单方面通告不包括要求对本节规定的任何事务和活动的情况提出报告的表示。

第552条（公共情报、机关规章、裁决意见、裁决令、记录和活动）

甲、每个机关都应使公众能获知下列情况：

（一）为了指导公众，各机关必须各自说明下列事项并将其及时公布于《联邦登记》：

1. 该机关的总部及其在各地的工作机构的情况；公众可以从该机关获得情报和决定、向它提交呈文、提出要求的固定地点及其方式；并说明公众通过该机关的那位职员（如是穿制服的工作部门，则说明那些成员）可以获得情报和决定、提交申呈文和要求；

2. 各机关开展活动、决定问题的一般程序和方法，包括一切正式和非正式的程序的性质和要求；

3. 程序规则、通用的表格、可以索取表格的地点、对各种文书、报告书、检验证书的范围与内容的说明；

4. 机关根据法律授权而制定的普遍适用的实体规章、及其制定和通过的基本政策说明和普遍适用的解释；

5. 对上述各项的修正与废除。

不得以任何方式强迫任何人服从应该公布在、而没有公布在《联邦登记》上的任何文件，也不应使其受此种文件的不利影响，除非他在实际上已及时地得知了此文件的内容，为本款之目的，文件（将要受此文件影响的人可以正当地得到此文件）一旦编入《联邦登记》，注明了出处，并取得了《联邦登记》主任的批准，即被视为已在《联邦登记》上发表。

（二）根据所公布的规章，各机关应提供下述文件供公众检索和复制：

1. 裁决案件时作出的最终裁决意见，包括附议意见和不同意见及其裁决书；

2. 已由机关制定但未公布在《联邦登记》上的政策说明和解释；

3. 机关工作人员手册，以及影响公众个人的机关工作人员守则。

已及时出版并有副本出售的文件资料除外。

为达到防止对个人秘密明显未经授权的侵犯，行政机关在提供或出版裁决意见、政策说明、解释、机关工作人员手册或守则时，可以在必要范围内删去暴露个人身份的细节，但必须以书面形式说明删去的理由。每个机关还应备有一份现行索引，供公众检索和复制。此索引应为公众标明自1967年7月4日以来发布、通过、颁发的根据本款规定应予提供或必须公布的所有文件。各机关应按季度或在更短周期内迅速出版，并通过出售或其他方式发行每期索引及其补篇的副本，除非该机关在《联邦登记》上公布的命令中说明没有必要也没有可能出版该索引。即使在这种情况下，机关仍须应公民要求提供此种索引的副本，收取不超过复制该索引的直接成本费。只有在下述情况下，最终裁决令、裁判意见、政策说明、解释、行政人员手册和影响公众个人的机关工作人员守则才可作为机关的依据，作为判例援引、使用，以对抗非本法所称的机关的当事人：

（1）上述文件已被编入索引，并已按本款规定提供或出版；

（2）当事人已就文件内容得到了实际的及时通知。

（三）除按本款第1项、第2项规定提供的档案外，任何一个机关必须应任何公民之申请迅速向其提供所需的档案。但公民的申请书应：

1. 恰当地注明所需的档案；

2. 符合已经公布的关于时间、地点、费用（如果有的话）规章和应予遵守的程序。

（四）1. 为执行本条之规定，各机关都应根据通知和所收集到的公众意见颁布规章，以具体规定适用于本机关所属部门的统一收费标准。这种收费仅限于按合理标准征收查找和复制文件的劳务费，以及补偿直接用于查找和复制的费用。如机关确认提供情报对公众普遍有益，因而为了公共利益决定免费或减少收费时，可以免费或减少收费提供文件。

2. 根据原告的控告，原告居住地、或其主要营业地、或机关档案所在地的美国地区法院，或者哥伦比亚特区法院，有权阻止机关封锁其档案的行为，并有权命令出示任何不适当地对原告封锁的行政档案。

对这类案件，法院应重新审理，并可秘密检查此机关档案的内容，以确定该档案或其中任何一部分是否属于本条第2款规定的应当不对公众公开的档案，并应由机关负责论证封锁档案的正确性。

3. 不论法律有何其他规定，被告在接到原告根据本条甲提出的控告后的30天内，必须对控告内容提出答复或答辩，法院基于原告提出的正当理由而另有指示时除外。

4. 除法院认为具有更重要的案件外，凡依本条甲规定由地区法院审理的案件及其上诉，应列于备审案件目录之首，并应指定尽早的日期进行审讯、审判或辩论，并设法迅速处理。

5. 在根据本条规定提起的诉讼案件中，如果原告已经基本胜诉，法院可以向合众国征收合理的律师费和此案合理支出的其他诉讼费用。

6. 当法院命令提交不适当地对原告人保密的机关档案、向美国征收律师费和其他诉讼费用时，如果法院另外签署的书面裁定指出：就拒绝提供档案的行为而言，行政人员在拒绝提供档案时可能存在独断专横或随心所欲的问题，特别顾问（系指美国功绩制保护局的特别法律顾问）应迅速采取行动，以确定是否应给予对拒绝提供档案负主要责任的官员或职员以纪律处分。在对所提交的全部证据进行调查分析之后，特别顾问应向有关当局提出自己的结论和建议，并将此结论和建议的副本送达至应负责任的官员、职员或其代理人。该当局应采取特别法律顾问所建议的矫正行动。

7. 如果发生不服从法院命令的事件，地区法院可以按藐视法庭罪处罚负责的职员，如果是穿制服的工作部门，则处罚负责人。

（五）凡由两人以上组成的机关都应制作记录，记载在每一行政活动中各人的最后表决。此记录应允许公众查核。

（六）1. 各机关在接到根据本条第 1 款、第 2 款、第 3 款规定要求提供档案的任何申请时，应该：

（1）在收到申请书后的 10 天内（星期六、星期日和法定节假日除外），决定是否批准该项申请，并应立即将此决定、作此决定的理由、申请人不服此决定向本机关首长申诉的权利通知申请人。

（2）自接到申诉之日起的 20 天内（星期六、星期日和法定节假日除外），对申诉做出裁决。在申诉时，如果原来拒绝提供档案的决定得到全部或部分肯定时，机关应通知申诉人可依本条甲第 4 款规定对该裁决提请司法复审。

2. 在本项规定的特殊情况下，本款第 1 项第 1 目、第 2 目规定的期限都可以书面通知申请人予以延长，同时在书面通知中说明延长的理由和作出裁决的预定日期。

但该类延期通知书确定的延长期限，不得超过 10 个工作日。本项所说的"特殊情况"仅指为了合理处理特定申请所必需的情况，即：

（1）处理该申请的机关需要从远离本机关的办事处或其他地方寻找和搜集所申请之档案；

（2）需要从一大堆档案中寻找、搜集、鉴别某项申请所需要的各种不同的、互不关联的档案；

（3）需要同决定该项申请有重大利害关系的其他行政机关或本机关内同此项申请有重大利害关系的两个或两个以上的部门进行磋商。这种磋商应尽可能快地进行。

3. 任何根据本条甲第 1 款、第 2 款或第 3 款规定向任何机关提出索取档案的申请人，在该机关未能于本款规定的期限内满足其要求时，即可认为对他的请求已无法获得行政补救。如果机关能够证明确有特殊情况、同时机关也正在尽最大努力以满足申请人所提要求，法院可保留对此案的管辖权，同时允许机关延长时间完成档案的检查。一旦机关作出提供所申请的档案的决定，应将该档案迅速提供给申请人。依本条规定做出的拒绝提供申请所要求之档案的任何通知书，应注明各个负责作出此决定的人的姓名、职称或职务。

乙、本条规定不适于用下列文件：

（一）1. 根据总统规定的标准，为了国防与外交政策的利益，经特别许可予以保密的文件；

2. 事实上按总统命令正确地划定为保密的文件；

（二）纯属于行政机关内部的人事制度和工作制度的文件；

（三）法律（本编第 552 条之二——"政府机关会议公开法"除外）明确规定不向外提供的文件，但该法律必须：

1. 对向公众保密的文件规定得十分明确、具体，因而没有自由裁量的余地；

2. 对应予保密的文件规定特定标准，或列举应予保密的文件的特定种类；

（四）属于贸易秘密和由某人提供的并且具有特许权或机密性的商业和金融情报；

（五）在机关作为一方当事人的诉讼案件中，法律规定不得向非机关当事人公开的机关内部或机关之间的备忘录和信件；

（六）人事、医疗方面的档案，以及那些透露出去会明显构成对私人秘密的不当侵犯的类似档案；

（七）为执行法律而编制的调查档案，但此档案的公开应以不产生下列情况为限：

1. 干扰执行程序；

2. 剥夺一个人受到公正审判或者公正裁决的权利；

3. 构成对私人秘密的不当侵犯；

4. 暴露秘密情报的来源；暴露刑事执法机关在刑事侦查中根据秘密情报来源制作的档案中的秘密情报；暴露机关合法地从事国家安全情报调查时根据秘密情报来源而制作的档案中的秘密情报；

5. 泄露调查技术和程序；

6. 危害执法人员的生命和身体安全；

（八）载有或者有关以负责管理或监督金融机构的机关制作的或以其名义制作的，或以供此机关使用为目的而制作的检查报告、工作报告或情况报告的文件；

（九）地质和地球物理情报、资料、包括有关矿井的地图。

任何档案可合理地分割的部分得应任何人之请求予以提供，但应删去本条规定应予保密的内容。

丙、除本条特别规定的情形外，本条不允许拒绝或限制向公众提供档案。本条不得作为拒绝向国会提供情报的根据。

丁、每个机关必须于每年 3 月 1 日或 3 月 1 日以前向众议院院长和参议院议长呈交一份前一年度的报告，以便分发给国会各有关委员会。这种报告应包括以下内容：

（一）该机关决定拒绝满足根据本条甲提出的提供档案的要求的次数和每次拒绝的理由；

（二）公民和法人按本条甲第 6 款规定提出申诉的次数，申诉的结果及驳回申诉的理由；

（三）负责决定拒绝提供依据本条规定所要之档案的人的姓名、职称或职务；各人参与此类决定的次数；

（四）依本条甲第 4 款第 6 项规定而进行的各次诉讼结果，包括对不当拒绝提供材料的主要负责官员或职员的纪律处分报告或不予纪律处分的解释报告；

（五）此类机关制定的有关本条内容的各项规章的副本；

（六）机关制定的提供本章规定的档案的收费标准和实际收取的金额总数；

（七）表明尽力执行本条规章的其他情况。

合众国司法部长应于每年 3 月 1 日或 3 月 1 日以前提交一份年度报告。该年度报告应包括前一年内发生的属于本条规定的案件数目，涉及保密事项的各案件及该类案件的处理结果，根据本条甲第 4 款第 5 项、第 6 项、第 7 项所收取的费用及其所作之处罚；此报告还应包括司法部为促使行政机关遵守本条规定而进行工作的情况。

戊、为本章之目的，本编第 551 条所说的"机关"包括行政各部、军事部门、国营企业、政府控制的企业、政府行政机关所属的其他机构（包括总统办公厅）和所有制定和执行规章的机关。

第 552 条之一（有关个人档案的保存）（略）

第 552 条之二（公开会议）（略）

第 553 条（规章的制定）

甲、本条适用于对此问题的一切规定，除非这种规定涉及：

（一）合众国的军事或外交职能；

（二）机关内部的管理和人事、公共财产、信贷、拨款、福利和合同的事务。

乙、应将拟定之规章以通告形式在《联邦登记》上公布，除非拟定之规章注明了将受此规章管辖的人的姓名并且将通知送达本人，或他们事实上已依法得到了通知。此类通告应包括：

（一）说明公开制定公共规章的会议的时间、地点和性质；

（二）指出拟制定之规章的法律依据；

（三）拟定之规章的条款，或说明拟定之规章的主要内容及其所涉及的主题和问题。

除法律规定必须发布通告或举行听证会外，本条不适用于：

1. 解释性规章，关于政策的一般声明、机关组织、程序和工作制度方面的规章；

2. 机关有正当理由认定（并将此认定和简要的理由说明载入所发布的规章之内）关于此事的通告和公共程序是不切实际、没有必要或有悖于公共利益的。

丙、机关在按本条要求发布通告以后，应为有利害关系的当事人提供机会，通过提交书面资料、书面意见，进行口头辩论或提交书面辩词等方式参与规章的制定。在斟酌了他们所提出的有关问题之后，机关对已通过的规章的制定根据和目的作一简要的总体说明，并将此说明列入该规章之内。法律规定必须根据行政听证的记录制定的规章，则不适用本款规定，而适用本编第 556 条和 557 条的规定。

丁、除下列规章之外，实体性规章必须至少在其施行前 30 天依规定公布或送达：

（一）批谁或承认豁免，或取消限制的实体性规章；

（二）解释性规章和政策声明；

（三）机关有正当理由认为不必在生效前 30 天公布的规章，此理由应与规章一同公布。

戊、各机关应给予利害关系当事人申请发布、修改或废除某项规章的权利。

第 554 条（裁决）

甲、本条规定适用于法律规定必须根据机关审讯记录作出裁决的所有案件。除非案件涉及下列事项：

（一）以后必须由法院重新进行法律审和事实审的事项；

（二）职员的录用和任期，但根据本编第 3105 条任命的行政法官除外；

（三）仅根据审查、测验或选举能作出裁决的诉讼；

（四）执行军事或外交职能；

（五）行政机关代表法院参加的诉讼；

（六）工人代表资格证明。

乙、应当就下列事项及时通知有权得到机关审讯通知的人：

（一）审讯的时间、地点和性质；

（二）举行审讯的法律根据和管辖权；

（三）审讯所要涉及的事实和法律问题。

如私人是流动的当事人，参与诉讼的其他当事人应将所争议的事实问题和法律问题迅速通知对方。在其他情况下，机关可以按常规要求对方答辩。在确定审讯的时间和地点时，应充分考虑到当事人或其代理人的需要和方便。

丙、机关应为所有利害关系当事人提供机会，使他们能：

（一）提出和研究各种事实、论据、解决办法。如果诉讼的时间、性质和公共利益允许，使他们能提出和研究变通建议；

（二）在当事人之间不能以协商方法解决争端的情况下，依本编第 556 条和第 557 条规定得到审讯和裁决书。

丁、依本编第 556 条规定主持接收证据的职员，除非他与机关失去联系，否则就应按本编第 557 条规定作出建议性裁决或初步裁决。除法律授权应单方面处理的事项外，主持接收证据的职员不得：

（一）向某个人或某当事人就有争议的事实征询意见，除非已经发出通知，使所有当事人都有机会参加；

（二）对为某个机关履行调查或起诉职责的职员或其代表负责，或受其监督、接受其指示。

为机关履行调查和起诉职责的职员或其代表不得参与该案或与此案事实上相互联系的案件的裁决；对这类案件的裁决亦不得提咨询性意见或建议性裁决。除非他们作为证人或律师参加公开诉讼，否则也不得参加机关根据本编第557条之规定对此类案件进行的复议。本款不适用于：

1. 对申请原始许可证的决定；

2. 涉及价格的正当性与适用的诉讼，或涉及公用事业、公共运输的设施和经营活动的诉讼；

3. 机关或构成机关的一个或几个成员。

戊、机关根据其深思熟虑的决定，可以发布宣告性裁决令，以结束争端或排除疑问，此类裁决令同其他裁决令具有同等效力。

第555条（附属事项）

甲、本条规定适用于除本节另有规定以外的情况。

乙、被机关或其代表传讯出庭的人有权由律师陪同、代表、作顾问；如果机关允许，还有权由其他合格的代表陪同、代表、作顾问。任何当事人均有权亲自参加机关诉讼，或者请律师或其他合格代表陪同、代为参加。在保证公共事务有秩序地进行的前提下，利害关系当事人可以出庭，就诉讼中的问题、申请和争议向行政机关或其负责人陈述理由、提出纠正或处理意见，而不论这种诉讼是中间阶段的、即席判决的、还是其他类型的，也不论这种诉讼是否与机关的职能有关。每个机关应充分考虑当事人或其代理人的便利与需要，在合理的时间内审结其所受理的案件。本款不给予也不否认不是律师的人陪同或代表他人到机关受审或在机关诉讼中出庭的权利。

丙、如果没有法律授权，不得发出、制作或强制执行传票；不得要求提交报告；不得强行检查或从事其他调查活动。应提交情报、证据的人有权保留或在交付法定费用后得到此情报或证据的复制品或副本。但在非公开调查程序中，如有正当理由即可限制证人只能查阅他所提供的证据的官方文本。

丁、法律授权机关签发的传票应根据当事人的请求签发。如诉讼规则规定，只有在说明或证明此传票与所要收集的证据之间有关联，以及说明收集证据的合理范围之后才能签发，签发时应执行此规定。如果就此发生了争议，法院应对符合法律规定的传票或类似的通知、命令予以确认。在请求强制执行的诉讼中，法院应签发命令，要求证人在合理时间内出庭或提交证据和情报，若证人拒不执行，则以藐视法庭罪予以处罚。

戊、有利害关系的当事人提出与机关诉讼有关的书面申请、请求或其他书面要求，遭到全部或部分否决时，应迅速发出通知。除非维持原否决性裁决或否决的理由是不言而喻的，否则，在发出的通知中，必须附上对否决理由的简要说明。

第556条（审讯、审讯主持人、权力和责任、举证责任、证据、作为裁决依据的案卷）

甲、本法第3编第553条、第554条所规定的审讯，须按本条规定进行。

乙、主持接收证据的应是：

（一）机关；

（二）机关的一个或几个成员；

（三）根据本编第3105条规定任命的一个或几个行政法官。

本节并不取代由法律指定或由法律特别规定设置的委员会或其他职员主持的特种类型的诉讼的全部或一部。依本编第557条规定主持审讯的职员和参与裁决的职员必须不偏不倚地执行职务。主持人或参加人在任何时候都可以主动回避。对及时、诚实地提出的充分说明主持人或参加人存有个人偏见或不合资格的书面声明，机关应将其作为整个案件的案卷和裁决的一部分予以审理。

丙、根据机关发布的规章，在其职权范围之内，审讯主持人可以：

（一）主持宣誓；

（二）依法律授权签发传票；

（三）就提供的证明作出裁定，接收有关证据；

（四）为司法之目的，接受庭外证言或主持证人作证；

（五）掌握审讯的进程；

（六）经当事人同意，主持召开协商解决或简化争端的会议；

（七）处理程序上的请求或类似问题；

（八）根据本编第557条规定作出裁决或提出建议性裁决；

（九）采取符合本法要求的机关规章授权的其他行动。

丁、除非法律另有规定，否则应由规章或裁决令的提议人负举证责任。任何证言或文书证据均可被接受，但作为一种政策，机关应规定不接受与案件无关的、无关紧要的、或过于重复的证据。除非研究了全部案卷，或案卷中由当事人引用的并且有可靠的、有证明力的、可定案的证据佐证的那些部分，否则不得实施任何制裁，不得签发规章或裁决令。只要与司法利益和机关所执行的基本法律的原则相一致，机关可以以违反本编第557条为充分理由，对故意违反或故意导致违反此项规定的当事人作出制裁性裁决。当事人有权用证言或文书证据提起诉讼或抗辩；亦有权提出反证，进行质证，以弄清全部事实之真象。机关在制定规章、决定金钱与福利请求及原始许可证的申请时，只要无损于任何当事人的利益，便可采用以书面形式提交全部或部分证据的程序。

戊、证言、物证，连同诉讼程序中提出的文书和申请书，构成本编第 557 条规定的作为裁决依据的唯一案卷。诉讼当事人只要交付法定费用，即有权得到此种案卷的副本。如果机关的裁决所依据的事实是官员用其知识所认定的，而案卷没有记载认定这种事实的证据，如当事人及时提出要求，他则有权提供反证。

第 557 条（初审裁决、结论、机关复议、当事人的意见、裁决内容、案卷）

甲、本条规定适用于按本编第 556 条规定所应当举行的一切审讯。

乙、如果机关未能主持接收证据，主持人或根据本编第 556 条规定有资格主持审讯的人，应对案件（本编第 556 条的案件除外）作出初审裁决，除非机关在特定案件中要求或通过普通规章规定，全部案卷需在核实后由该机关裁决。主持人做出初审裁决后，在规章规定的时间内，如果当事人没有向该机关提出上诉，该机关也没有提出复议，此初审裁决即为机关的裁决。机关在受理当事人对初审裁决提出的上诉或在复议初审裁决时，拥有作初审裁决所应有的一切权力。但根据通告和规章限制的事项除外。如果作裁决的行政机关没有主持接收证据，本编第 556 条规定的审讯主持人或有资格主持审讯的人应先提出一项建议性裁决。但制定规章和裁定原始许可证的申请例外，在这种例外情形下：

（一）机关可作出一项临时性裁决，或由其负责职员作出一项建议性裁决；

（二）机关根据案卷确认，为了适当、及时地履行其职责，绝对不可避免地需要省略初审裁决程序时，可以省略这一程序。

丙、在作出建议性的、初审的、临时性的裁决之前，以及在机关对下属职员的裁决进行复议尚未作出裁决之前，当事人有权获得正当机会向参与裁决的职员提出供其考虑的下述意见：

（一）自拟的裁决和结论；

（二）对下级官员的裁决、建议性裁决和机关的临时性裁决的异议；

（三）说明上述异议或自拟的裁决和结论的理由。

案卷应记载对当事人提出的各项自拟裁决、结论及异议所作的裁定。所有裁决，包括初审的、建议性的和临时性的裁决，都是案卷的组成部分。这些裁决还应包括关于下列事项的说明：

1. 根据案卷中记载的具有实质性争议的事实问题、法律问题、自由裁量权等问题所作的裁定和结论，及其理由或根据；

2. 有关的规章、裁决、制裁、救济。

丁、（一）除属法律授权单独处理的事项外，在任何属于本条甲规定的机关诉讼中：

1. 行政机关以外的任何与诉讼有利害关系的人，不得就案件的是非曲直问题向机关的任何成员、行政法官、其他参与或有理由预料可能参与诉讼中的裁决程序的官员单独表示意见或促成这种意思表示。

2. 机关的任何成员、行政法官、其他参与或有理由预料可能参与诉讼中裁决程序的任何官员，不得就案件的是非曲直问题，向机关以外的任何有利害关系的人单方表示意见，或促成这种意思表示。

3. 机关的任何成员、行政法官、将要参与或很可能参与诉讼中裁决程序的职员，如果收到、作出或故意促成了本款所禁止的意思表示，应在公开的案卷中载明：

（1）所有的这种书面表示；

（2）记载这种口头表示的实质性内容的备忘录；

（3）就前两项内容所作的一切书面答复，以及记载所有口头答复实质内容的备忘录。

4. 机关、行政法官或主持审讯的其他职员收到任何违反本款规定而作出的或故意促成作出的单独意思表示时，可在符合司法利益和法律原则的前提下，要求该当事人陈述他在诉讼中提出的要求和利益不应该被驳回、被否定、被置之不理的理由，如他不作此陈述，将因违反本规定而受到不利之影响。

5. 本款的禁止性规定开始适用的时间可由机关确定，但不得迟于审讯告示发出之时，除非应对上述单独意思表示负责的人已得知告示将要发出，在此情形下，本条禁止性规定即从其得知之时起适用。

（二）本款规定不含可以对国会封锁情报之意。

第558条（实施制裁、许可证的申请、中止、吊销和终止）

甲、权力的行使适用本条规定。

乙、机关不得在法律赋予的管辖权限以外实施任何制裁、发布任何实体法规章和命令。

丙、当事人依据法律规定申请许可证时，机关应在合理时间之内，在充分研究了一切利害关系人和受到不利影响的人的权利和利益后，着手进行并完成本编第556条和第557条规定的诉讼或法律规定的其他诉讼，并作出裁决。除由于当事人的故意或公共健康、公共利益、公共安全另有规定的情形外，如要合法地撤回、中止、吊销或废除许可证，必须在机关诉讼开始之前，给予许可证持有人：

（一）机关的书面通知，该通知应说明何种事实或行为导致机关采取这种措施；

（二）给予许可证持有人证明其符合一切法定要求或让其实现各项法定要求的机会。

如许可证持有人根据机关规章的规定，已及时、有效地提出了更换许可证或领取新的许可证的申请，从事连续性活动的许可证在机关最终裁定之前仍然有效。

第 559 条（本法对其他法律的效力；对今后的法律的效力）

《美国法典》第 5 编第 7 章和第 5 章第 2 节、第 1305 条、第 3105 条、第 3344 条、第 4301 条第 2 款第 5 项、第 5372 条、第 7521 条以及第 5335 条第 1 款第 2 项有关行政法官的规定并不限制或废除其他法律规定或法律承认的其他规定。除法律另有规定之外，有关程序或证据的规定和豁免平等地适用于机关和公民个人。任何机关为执行本编第 5 章第 2 节的规定，有权发布必要的规章或采取其他措施。今后制定的法律除有明文规定外，不被视为取代或修改《美国法典》第 5 编第 1305 条、第 3105 条、第 3344 条、第 4301 条第 2 款第 5 项、第 5372 条、第 7521 条或 5335 条第 1 款第 2 项有关行政法官的规定。

第七章 司法复审

第 701 条（适用范围、定义）

（一）本章规定不适用于：

1. 法律规定不予司法复审的机关行为；

2. 法律授权机关自行决定的机关行为。

（二）1."机关"与本编第 551 条第 1 款第 1 项至第 8 项规定之定义完全相同；

2."人"、"规章"、"命令"、"许可证"、"制裁"、"救济"和"机关行为"的定义与本编第 551 条之规定相同。

第 702 条（复审权）

因机关行为致使其法定权利受到侵害的人，或受到在有关法律规定内的机关行为的不利影响或损害的人，均有权诉诸司法复审。如向美国法院提起的要求获得非金钱补偿救济的诉讼，并且控告的是机关或其某个官员或职员以官方身份或打着有法律根据的旗号的作为和不作为，法院不得以此诉讼是以美利坚合众国为被告为理由，也不得以合众国是不可替代的当事人为理由不予受理或拒绝给予救济。美利坚合众国在此类诉讼中都可被列为被告，法院可以作出针对合众国的判决或命令，但任何强制性的、禁止性的判决必须具体指定联邦官员（注明姓名和职务）或他的工作的继任者个人负责执行。本条规定并不：

（一）影响对司法复审的其他限制；影响法院根据其他正当的法律理由或衡平法上的理由驳回任何起诉或拒绝救济的权力和职责；

（二）在其他允许起诉的法律明示或默示禁止给予所求之救济时，授权给予救济。

第 703 条（诉讼的形式和地点）

司法复审的诉讼形式是法律特别规定的复审诉讼。这种诉讼属于法律专门规定法院审理的问题，如果没有相应的法律规定或规定不充分，则可适用任何法律诉讼形式，包括向有管辖权的法院提起请求作宣告性判决之诉、请求发布禁止令、强制令或人身保护令之诉等诉讼形式。如果法律专门规定的复审形式不适用，要求司法复审的诉讼可以以美利坚合众国或某个机关的正式名称或有关官员为被告。除非法律规定了事先的、充分的和专门的司法复审机会，否则，机关行为应接受在民事或刑事案件中请求法院强制执行的诉讼的司法复审。

第704条（可复审的行为）

法律规定可受司法复审的机关行为和在法院不能得到其他充分补救的机关最终的行为，应受司法复审。不直接受司法复审的初步的、程序性的或中间阶段的机关行为或裁定，在复审机关最终确定机关行为时，也应接受复审。除法律另有明文规定外，不论当事人是否请求宣告性命令、复审或向上级机关上诉（除非机关依规章另有要求并且规定该行为当时不生效），机关行为在其他方面是最终确定的，就本条规定而言就是最终确定的。

第705条（复审期间的救济）

如果机关认为出于司法公正需要应推迟该机关行为的生效日期，以待司法复审，便可以推迟生效日期。在必要情况下，为了防止发生不可弥补的损害，复审法院，包括可以受理上诉请求的法院、向复审法院下达调卷令和其他命令的法院，可以采取一切必要和适当的措施，推迟机关行为的生效日期，或在复审程序终结以前维持原状或保留权利。

第706条（复审范围）

当问题已经提出后，复审法院在必须裁决的范围内应裁决所有有关的法律问题，解释宪法和法律条文、机关行为术语的含义或其适用的范围。复审法院：

（一）应强制履行非法拒绝履行的或不当延误的机关行为；

（二）如认定机关行为、裁决、结论具有下列性质，应宣布其为非法，予以撤销：

1. 独断专横、反复无常、滥用自由裁量权或其他不合法的行为；

2. 同宪法规定的权利、权力、特权与豁免权相抵触；

3. 超越法律规定的管辖范围、权力和限度，或者行为不具有法律依据；

4. 没有遵循法律规定的程序；

5. 在处理本编第556条、第557条规定的案件，或根据法律要求对机关审讯案卷进行复议时，没有实质性证据作依据；

6. 没有事实根据，以致要由复审法院对事实重新审理。

法院在作出上述认定时，应复查全部案卷或当事人所引用的那部分案卷，并应充分注意遵守法律规定的防止偏见错误的规则。

第 3105 条（行政法官的任命）

为执行本编第 556 条和第 557 条规定的诉讼，各机关任命行政法官的数目应根据需要而定。行政法官应尽可能轮流审案，不得执行与行政法官的职责和责任不相符的职务。

第 7521 条（对行政法官的处分）

甲、基于功绩制保护局规定的正当理由，可以处分由机关根据本编第 3105 条规定任命的并在该机关任职的行政法官。但此种处分应由功绩制保护局经过审讯后根据审讯案卷决定。

乙、本条所说的处分包括：

（一）免职；

（二）停职；

（三）降级；

（四）降薪；

（五）暂时停用 30 天或 30 天以下。

但不包括：

（一）（因国家安全利益）被停职或免职；

（二）大批减员；

（三）功绩制保护局的特别顾问建议的任何处分。

第 5372 条（行政法官的薪俸）

根据本编第 3105 条任命的行政法官领取由"人事管理局"根据《美国法典》第 5 编第 51 章和本章第 3 节规定的薪俸，不受机关建议和级别的影响。

第 3344 条（细则：临时行政法官的任命）

本编第 551 条意义上的机关在偶尔或临时缺少根据本编第 3105 条规定任命的行政法官时，可使用由人事管理局从其他机关（经其同意）挑选的行政法官。

第 1305 条（行政法官的职权）

就《美国法典》第 5 编第 3105 条、第 3344 条、第 4301 条第 2 款第 5 项、第 5372 条、第 7521 条和第 5335 条中有关行政法官的法律规定而言，人事管理局和功绩制保护局为执行《美国法典》第 5 编第 7521 条规定之目的可以调查，可以要求机关作出报告，可以发出报告，包括给国会的年度报告；可以制定规章；还可以根据需要任命顾问委员会、提出立法建议、传讯证人、调取案卷，并可按由美国法院规定的支付证人费用的标准给证人以报酬。

韩国行政程序法[1]

(1996 年)

第一章　总则

第一节　目的、定义及适用范围等

第一条（目的）

本法之目的在规定有关行政程序之共通事项，谋求国民之行政参与、确保行政之公正性、透明性及依赖性，保护国民权益。

第二条（定义）

本法用词之定义如下：

1. "行政机关"，谓决定并表示有关行政意思的国家或地方自治团体之机关，以及依其他法令或自治法规（以下称"法令等"）行使行政权限或受委任或委托之公共团体或其机关或私人。

2. "处分"，谓行政机关对具体事实的执法行为，行使或拒绝公权力及其他准于此之行政作用。

3. "行政指导"，谓行政机关为实现一定的行政目的，在所管事务范围内为使特定人做或不做一定行为而进行的指导、劝告及指教等行政作用。

4. "当事人等"，谓因行政机关之处分而直接成为相对人之当事人和依行政机关之职权或申请而参与行政程序的利害关系人。

5. "听证"，谓在行政机关作某种处分之前，直接听取当事人等之意见，调查证据之程序。

6. "公听会"，谓行政机关通过公开讨论，就某种行政作用向当事人等、具有专门知识和经验者以及其他普通人员广泛听取意见之程序。

7. "提出意见"，谓在行政机关行使某种行政作用之前，当事人等提出意见，而不属于听证或公听会之程序。

第三条（适用范围）

1. 处分、申告、行政立法之预告、行政预告及行政指导之程序（以下称"行政程序"）。除其他法律另有特别规定外，适用本法。

2. 本法就下列各款事项，不适用之。

（1）经国会或地方议会之议决或同意或承认之事项。

---

〔1〕 车美玉译，载《行政法学研究》1997 年第 3 期。

（2）依法院、国家法院裁判及其执行之事项。

（3）经宪法法院审判之事项。

（4）经各级选举管理委员会议决之事项。

（5）鉴查员经鉴查委员会决定所为之事项。

（6）依刑事、行刑及保安处分等相关法令所为之事项。

（7）有关国家安全保障、国防、外交及统一之事项中，若经行政程序将对国家重大利益有明显危害之虑之事项。

（8）审查请求、海难审判、租税审判、专利审判、行政审判及其他有关不服程序之事项。

（9）依兵役法之征集、召集，外国人的出入境、难民认定、归化，依公务员人事关系法令之惩戒和其他处分及为调节利害关系依法令斡旋、调节、仲裁、裁定及其他处分等，在该行政作用之性质上认为不变或没必要经行政程序之事项和已经过程序之事项中以总统令所定之事项。

第四条（信义诚实及信赖保护）

1. 行政机关执行职务时，应本于诚实信用为之。

2. 法令之解释或行政机关之惯例为国民普遍地接受后，除对公益或第三者的正当利益有明显危害之虑以外，不得依新的解释或惯例溯及而为不利之处理。

第五条（透明性）

行政机关行使公权力之行政作用，其内容要具体明确。作为行政作用依据之法令等，如其内容不明确时，对方可向该行政机关要求解释。该行政机关如无特殊理由，当答应。

第二节　行政机关之管辖及协调

第六条（管辖）

1. 行政机关错误受理不属于自己管辖之案件或收受错误之移送时应即移送有管辖权之行政机关并将该事实通知申请人。行政机关收受或收受移送后管辖变更时亦然。

2. 行政机关之管辖不明时，由监督各该行政机关之共同上级行政机关决定其管辖。无共同之上级行政机关时，依各上级行政机关之协议，决定其管辖。

第七条（行政机关之间协调）

行政机关为圆满履行行政事务，应相互协调。

第八条（行政协助）

1. 行政机关，有下列各款所列情形之一时，得请求其他行政机关予以行政协助。

（1）依法律上之理由，单独执行职务有困难时。

（2）因人员、设备不足等事实上之理由，单独执行职务有困难时。

（3）需要得到其他行政机关所属专门机关之协助时。

（4）其他行政机关所管理之文书、统计资料等行政资料为执行职务所必要时。

（5）其他行政机关予以协助处理，将显著地有效率且经济时。

2．依第 1 项之规定，受请求行政协助之行政机关，有下列各款情形，可以拒绝。

（1）有明显理由认为受请求机关以外之行政机关能为较有效率且经济之协助时。

（2）有明显理由认为行政协助将显然阻碍受请求之行政机关执行固有职务时。

3．行政协助，应向能直接协助该职务之行政机关请求之。

4．受请求行政协助之行政机关拒绝协助时应将理由通知请求行政协助之行政机关。

5．为行政协助而被派遣之职员接受请求协助之行政机关之指挥监督。但对该职员之服务，如其他法令等有特殊规定时，依其他法令。

6．行政协助所需之费用，由请求协助之行政机关负担，其负担金额及负担方法，由请求协助之行政机关及受请求之行政机关协议决定之。

第三节　当事人等

第九条（当事人等之资格）

符合下列各款者，可作为当事人等参加本法之行政程序。

1．自然人。

2．法人或非法人之社团或财团（以下称"法人等"）。

3．依其他法令等认为其具有权利义务主体之行为能力者。

第十条（地位之承继）

1．当事人等死亡时，继承人及依其他法令等承继其权利或利益者，承继当事人等之地位。

2．当事人等为法人等时，法人等合并时，由合并后存续之法人等或合并后新设之法人等承继当事人等之地位。

3．依第 1 项及第 2 项之规定承继其地位者，应向行政机关通告该事实。

4．事实上继受处分之权利或利益者得经行政机关之承认，承继当事人等之地位。

5．得到依第 3 项之规定之通告前，行政机关向死亡者或合并前之法人等所发之通知对依第 1 项或第 2 项之规定承继当事人等地位者亦有效。

第十一条（代表人）

1．多数当事人等共同为行政程序之行为时可选定代表人。

2．当事人等未依第 1 项之规定选定代表人或代表人过多而有拖延行政程序之虑时，行政机关可说明理由后请求一定时间内选定 3 人以下之代表人。如当事人等未应命令法定代表人，行政机关可直接指定。

3. 当事人等可变更或解任代表人。

4. 代表人可将自己选定为代表人之当事人等，为一切有关行政程序之行为。但终结行政程序之行为应得其他当事人等之同意。

5. 有代表人时，当事人等仅得经由其代表人为第4项之行为。

6. 有多数代表人时，行政机关之行为得对其中一人为之。但行政机关之通知应对全体代表人为之。

第十二条（代理人）

1. 当事人等得由下列各款中选任代理人。

（1）当事人等之配偶、直系尊、卑亲属或兄弟姐妹。

（2）当事人等为法人等时，其任员或职员。

（3）律师。

（4）获得行政机关或听证会主持人（仅限于听证会）之许可者。

（5）依法令等得就该案件作为代理人者。

2. 第11条第3项、第4项及第6项之规定，于代理人准用之。

第十三条（代表人、代理人之通知）

当事人等选定或选任代表人或代理人时，应即将该事实通知行政机关。变更或解任代表人或代理人时亦然。

第四节 送达及期间、期限之特例

第十四条（送达之方法）

1. 送达，以邮寄或交付之方法向受送达人之住所、居所、营业所或事务所（以下称"住所等"）为之。对代表人、代理人之送达，可向该等人之住所等为之。

2. 行政机关认为需要迅速送达时，可不顾第1项之规定以电信、传真或电话等方法为之。

3. 交付送达，以于受送达人之住所交付文书收受受领证书为之。

4. 有下列各款所列情形之一时，将其内容公告于启示板、官报、公报、日报等，以使受送达人知之。

（1）受送达人之住所等不能以通常之方法确认时。

（2）不可能送达时。

5. 行政机关应保存可以确认之送达文书名称、受送达人之姓名或名称、送达方式及送达年月日之记录。

6. 关于运用电脑等新信息通讯技术之送达方法，必要时以总统令定之。

第十五条（送达之效力发生）

1. 送达，除其他法令等有特别规定外，以到达受送达人时，发生效力。

2. 于第 14 条第 4 项之情形，除其他法令等，有特别规定外，自公告日起经过 14 日时，发生效力。但有紧急情况等特别事由而公告时，依另行规定之效力发生时期生效。

第十六条（期间及期限之特例）

1. 因天灾、地变或其他不可归责于当事人之事由而不能遵守期间时，到该事由终了之日为止，停止期间之进行。

2. 对于居住或停留在外国者，其期间及期限之计算，由行政机关考虑其邮政和通讯所需要的时间而定。

第二章　处分
第一节　目的、定义及适用范围等

第十七条（处分之申请）

1. 请求行政机关为处分之申请，均应以书面为之。但其他法令等有特别规定及行政机关事先已规定其他方法并予公告者，不在此限。

2. 行政机关对申请所必须具备之文件、提出处所、处理期间及其他必要事项应予公告并备妥简介以供自由阅览。

3. 有申请时，除其他法令有特别规定外，行政机关不得保留或拒绝其受理，受理申请时，应交付受理证给申请人。但以总统令决定时，可不交付受理证。

4. 申请中存在资料不全等不完备之处时，行政机关应规定补充资料所需的期间，即时向申请人要求补充。

5. 申请人未以能依第 4 项之规定之期间补充资料时，行政机关得明示其理由后将受理之申请退回。

6. 行政机关为申请人之方便，得由其他行政机关代受理之。行政机关对于得由其他行政机关代受理之申请种类，应预先加以规定并公告之。

7. 申请人于行政处分作成前，得补充、修正或变更申请之内容或予以撤回。但其他法令等有特别规定或该申请于性质上不得补充、修正、变更或撤回时，不在此限。

第十八条（多数行政机关参与之处分）

行政机关受理请求多数行政机关参与处分之申请时，应迅速与相关行政机关协调，以免拖延该处分。

第十九条（处理期间之设定及公布）

1. 为申请人之方便，行政机关应预先将处分之处理期间分种类予以公告。

2. 行政机关因不得已之事由，于第 1 项所规定之处理期间内处理有困难时，于其处理期间之范围内，得延长其处理期间，但以 1 次为限。

3. 依第 2 项之规定延长处理期间时，行政机关应即将延长处理期间之事由及预定处理期间通知该申请人。

4．行政机关未于正当处理期间内处理时，申请人得对该行政机关或其监督机关请求立即处理。

5．不包括在第 1 项之规定之处理期间者，以总统令定之。

第二十条（处分基准之设定、公布）

1．行政机关应依处分之性质，将必要之处分基准尽可能详细地决定并公告之。变更处分基准时亦然。

2．公布第 1 项规定之处分基准，如就该处分之性质上有显著之困难或有相当理由足以认定显然有害于公共安全或福利时，可不公布。

3．公布之处分基准不明确时当事人等得向该行政机关提出请求解释行政处分基准之申请。此时，行政机关除有特别理由外，不得驳回。

第二十一条（处分之事前通知）

1．行政机关对当事人等为课以义务或侵害权益之行政处分时，应事先对已知之当事人等以记载下列各款事项之文书通知之。

（1）处分之题目。

（2）当事人之姓名或名称及住所。

（3）构成处分理由之事实、处分之内容及法律依据。

（4）对第 3 项之规定提出意见之意思或不提出意见时之处理方法。

（5）意见提出机关之名称及住所。

（6）意见提出期限。

（7）其他必要事项。

2．行政机关实施听证时，于听证实施之日起 10 日之前将第 1 项各款之事项通知当事人等。此时，自第 1 项之第 4 款到第 6 款之事项以听证主持人之所属、地位及姓名、听证日期及场所、拒绝出席听证时之处理方法等所需事项为准。

3．依第 1 项第 6 款之规定决定之期限，应考虑提出意见所需的相当时间。

4．符合下列各款之一者，可不为第 1 项所规定之通知。

（1）为公共之安全或福利，有必要紧急处分之情形。

（2）没有或丧失法令等要求之资格，理应受到一定处分时，其没有或丧失资格之事实依法院之裁判等得以客观证明之情形。

（3）该处分之性质上听取意见有显著困难或有相当理由认为明显不必要时。

第二十二条（意见听取）

1．行政机关为处分时，符合下列各款情形之一的，实施听证。

（1）其他法令等有规定实施听证之情形。

（2）行政机关认为必要之情形。

2. 行政机关为处分时，符合下列各款情形之一的，实施公听会。

（1）其他法令等有规定实施公听会之情形。

（2）行政机关认为该处分之影响面广，有必要广泛听取意见之情形。

3. 行政机关对当事人为课以义务或限制权益之处分时，除第1项或第2项所规定之外，应向当事人等提供提出意见之机会。

4. 不顾自第1项至第3项之规定，符合第21条第4项各款之一或当事人明确表示放弃陈述意见之机会时，可不实施意见听取。

5. 实施听证、公听会及意见听取时，行政机关应迅速为处分，保证该处分不拖延。

6. 为处分后1年之内，如当事人等有请求，行政机关应将为听证、公听会或意见提出而收受之资料及物件返还之。

第二十三条（处分之理由提示）

1. 行政机关为处分时，除符合下列各款情形外，应向当事人提示其依据和理由。

（1）将申请内容全部承认后进行的处分。

（2）作单纯、重复或轻微之处分，当事人明确知道其理由时。

（3）要求紧急处理时。

2. 符合第1项第2款及第3款之情形时，行政机关为处分后如当事人有请求，行政机关应提示其依据和理由。

第二十四条（处分之方式）

1. 行政机关为处分时，除其他法令等有特别规定外，应以书面方式为之。但须迅速作出或事件轻微时，得以言词或其他方式为之。如当事人等于此情形请求交付相关文书者，行政机关应即交付之。

2. 处分之文书应记载该处分行政机关及负责人之所属、姓名及电话号码。

第二十五条（处分之订正）

行政机关对于处分有误记、误算或其他类似之显然错误时，应依职权或依申请，立即更正并通知当事人。

第二十六条（告知）

行政机关为处分时，应告知当事人关于该处分得否请求行政审判或得否提出不服申请、请求程序、请求期间及其他必要事项。

第二节　意见提出及听证

第二十七条（意见提出）

1. 当事人等可在处分之前向行政机关以书面、计算机通信或言词之方式提出意见。

2. 当事人等依第 1 项之规定提出意见时，为立证其主张可添具证据资料等。

3. 当事人等以言词陈述意见时，行政机关应记载其陈述内容和陈述人。

4. 行政机关对于当事人等无正当理由未于提出意见期间内提出意见者，得视为无意见而为处分。

5. 行政机关为处分时应诚实考虑当事人等提出之意见。

第二十八条（听证主持人）

1. 听证，由行政机关从所属职员或依总统令具备资格者中选定之人员主持之。行政机关应努力使听证主持人之选定得以公正进行。

2. 听证主持人独立执行职务，不因执行职务之理由，而受任何违反其意思之身份之不利益。

3. 依第 1 项之规定，从总统令规定者中选定的听证主持人，在适用刑法等其他法律之罚则时，视其为公务员。

第二十九条（听证主持人之回避）

1. 听证主持人有下列各款事由之一时，不得主持该听证。

（1）自己是当事人或与当事人等有或曾有过符合民法第 777 条各款情形的亲族关系时。

（2）自己会为该处分相关之证言或鉴定时。

（3）自己现在或过去为该处分之当事人等之代理人时。

2. 听证主持人有不能公正进行听证之事情时，当事人可向行政机关提出回避之申请。此时，行政机关应停止听证，认为其申请有理由时，应即更换该听证主持人。

3. 听证主持人有符合第 1 项或第 2 项之规定之事由时，得经行政机关之承认，自行回避听证之主持。

第三十条（听证之公开）

听证，当事人等提出公开申请或听证主持人认为必要时可公开之。但有显著阻碍公益或第三者之正当利益之虑时，不得公开。

第三十一条（听证之进行）

1. 听证主持人开始时，应先说明预定之处分内容、成为其原因之事实及法律依据等。

2. 当事人等可陈述意见、提出证据，并可向参考人及鉴定人提问。

3. 当事人等提出意见书，可视为出席陈述其内容。

4. 听证主持人为听证之迅速进行及秩序之维持，得采取必要之措施。

5. 听证主持人为续行听证时，应书面通知当事人下次听证之期日及场所。但对出席听证会之当事人等或言词通知。

第三十二条（听证之合并、分离）

行政机关依职权或当事人等之申请，可将数个案件合并或分离实施听证。

第三十三条（证据调查）

1. 听证主持人得依申请或职权为必要之调查，并得对当事人等未主张之事实加以调查。

2. 调查证据，依下列各款之方法为之。

（1）收集文书、账簿、物件等证据之资料。

（2）讯问参考人、鉴定人。

（3）勘证或鉴定评价。

（4）其他必要之调查。

3. 听证主持人认为有必要时，可要求相关行政机关提出必要之文书或陈述意见。此时，相关行政机关如无职务履行之显著阻碍，不得驳回。

第三十四条（听证笔录）

1. 听证主持人应制作记载下列各款事项之听证记录。

（1）题目。

（2）听证主持人之所属、姓名等事项。

（3）当事人等之住所、姓名或名称及有无出席。

（4）听证之日时及场所。

（5）当事人等的陈述之内容及提出之证据。

（6）公开与否及公开或依第 30 条之规定未公开之理由。

（7）调查证据时，其内容及添具之证据。

（8）听证主持人之意见。

（9）其他必要之事项。

2. 当事人等得阅览、确认听证笔录之记载内容，若其内容与事实不符时，得要求更正。

第三十五条（听证之终结）

1. 听证主持人认为当事人等已对该案件充分进行意见陈述、证据调查时，得终结听证。

2. 听证主持人于当事人等之全部或部分无正当理由，不按期出席听证或不提出依第 31 条第 3 项之规定之意见书时，可不再对其提供陈述意见及提出证据之机会终结听证。

3. 听证主持人于当事人等之全部或部分因正当理由，未能按期出席听证或未能按期提出依第 31 条第 3 项之规定之意见书时，应给予其相当时间，要求陈述意见及提出证据，经该期间，终结听证。

4. 听证主持人终结听证时，应立即将听证笔录及其他有关资料提交于行政机关。

5. 行政机关充分讨论依第 4 项之规定收受之听证笔录及其他相关资料后，若认为有相当理由，应在为处分时，积极反映听证结果。

第三十六条（听证之重开）

行政机关自终结听证会至为处分期间，如发现新情况，认为有必要重开听证时，将依第 35 条第 4 项之规定收受之听证笔录等退回后，下令重开听证。此时准用第 31 条第 5 项之规定。

第三十七条（文书之阅览及秘密维持）

1. 自有听证通知之日起至听证结束之日为止，当事人等可向行政机关要求阅览或复印关于该案件之调查结果之文书及该处分相关之文书。此时，除其他法令限制公开之情况外，行政机关不得拒绝。

2. 行政机关应第 1 项规定之阅览或复印之请求时，可指定日时及场所。

3. 行政机关依第 1 项后端之规定，拒绝阅览或复印之请求时，应说明其理由。

4. 依第 1 项之规定，可请求阅览或复印之文书之范围，以总统令定之。

5. 依第 1 项之规定，复印文书发生之费用，行政机关可让请求复印者负担。

6. 任何人不得无正当理由透露或乱用通过听证所知道之私生活或经营及经济往来方面之商业秘密。

第三节　公听会

第三十八条（公听会之召开）

1. 行政机关召开公听会，应于公听会召开日之 14 日前将下列各款之事项通知当事人等，并采取刊登于官报、公报或日报等方法广泛周知。

（1）题目。

（2）日时及场所。

（3）主要内容。

（4）关于发言者之事项。

（5）发言申请方法及申请期限。

（6）其他必要事项。

2. 行政机关在选定发言者时，应确保公正性。

第三十九条（公听会之进行）

1. 公听会主持人，在总统令规定之具备资格人员中，由行政机关指名或聘请。

2. 发言者应限于与公听会内容有直接关联之事项发言。

3. 公听会主持人应公正进行公听会，为顺利进行公听会，得限制发言内容，并采取为维持秩序之处置。

4. 公听会主持人，在发言者之发言终了后，应给予发言人之间相互进行质疑答辩之机会，并给予旁听者提出意见之机会。

5. 行政机关认为公听会中提出的事实及意见有相当理由时，应将其反映在处分上。

第三章   申报

第四十条（申报）

1. 法令等规定向行政机关通知一定事项终结义务之申报时，主管申报之行政机关应启示申报所需要资料和接受机关，及依其他法令等之规定申报所需要之事项，或备置这些便览，让所有人阅览。

2. 依第1项之规定之申报，若具备下列各款之条件，申报书到达接受机关，视为申请之义务履行完毕。

（1）申报书之记载事项中无瑕疵。

（2）添具必要之具备资料。

（3）符合其他法令等规定之形式上之条件。

3. 不具备第2项各款条件之申报书被提出时，行政机关应即指定相当时间，要求申报人补充。

4. 申报人不依第3项之规定之期间内补充时，行政机关应明示其理由后，将该申报书退回。

第四章   行政上立法预告

第四十一条（行政上立法预告）

1. 制定、修正或废止（以下称"立法"）与国民之权利、义务或日常生活有关之法令等时，制定该立法提案之行政机关应予以预告。

2. 立法有紧急性者，依立法内容之性质或其他事由认为无预告必要或预告有困难者、单纯执行上位法令或预告显著阻碍公益时，可不为立法预告。

3. 法制处长接受要求审查未经立法预告之法案时，如认为仍经立法预告为适当时，得劝告该行政机关予以行政预告或直接予以预告。

4. 关于立法预告之基准、程序等之必要事项以总统令定之。

第四十二条（预告方法）

1. 行政机关应利用官报、公报或报纸、广播、计算机通信等方法将立法案之宗旨、主要内容或全文广泛周知。

2. 行政机关为立法预告时，得向认为有必要之团体等通告预告事项。

3. 对预告立法案之全文有阅览或复印之请求时，除有特别事由外，行政机关不得驳回。

4. 依第3项之规定，复印所发生之费用，行政机关可让请求复印者负担。

第四十三条（预告期间）

立法预告期间于预告时定之，除有特别事情外，应为 20 日以上。

第四十四条（意见提出及处理）

1. 所有国民对于预告之立法案，得提出其意见。

2. 行政机关应将意见接收机关、意见提出期间及其他必要事项，于预告该立法提案时一并公告。

3. 就该立法提案有意见提出时，行政机关除有特别理由外，应尊重其意见，酌情处理。

4. 行政机关应将意见之处理结果通知给提出意见人。

5. 关于提出之意见之处理方法及结果之通知，以总统令定之。

第四十五条（公听会）

1. 行政机关就立法提案，可召开公听会。

2. 关于公听会，准用第 38 条、第 39 条。

第五章　行政预告

第四十六条（行政预告）

1. 行政机关树立、试行或变更符合下列各款事项之政策、制度及计划时，应予以预告。但预告有显著阻碍公共安全或福利之虑或有其他不易预告之特别事由时，可不予以预告。

（1）对国民生活带来极大影响之事项。

（2）众多国民之利害关系相冲之事项。

（3）给众多国民带来不便或负担之事项。

（4）其他需要广泛收集国民之意见之事项。

2. 不顾第 1 项规定；为包括法令等之立法之行政预告时，得以立法预告为准。

3. 行政预告之期间应考虑预告内容之性质而定，若无特别理由，定为 20 日以上。

第四十七条（准用）

关于行政预告之方法、意见提出及处理、公听会，准用第 42 条、第 44 条第 1 项至第 3 项及第 45 条之规定。

第六章　行政指导

第四十八条（行政指导之原则）

1. 行政指导应采取为达成其目的所必要且最少限度之方法为之。但不得违反受指导者之意思，不当地强为要求。

2. 行政机关不得以受指导者不执行行政指导为由，采取不利益之措施。

第四十九条（行政指导之方式）

1. 为行政指导者应向受指导者说明该行政指导之宗旨、内容及身份。

2. 以言词方式进行行政指导时，如受指导者要求交付记载第 1 项之事项之书面资料，行政指导者除有职务履行之特别阻碍外，应交付之。

第五十条（意见提出）

行政指导之受指导者，就该行政指导之方式、内容等，可向行政机关提出意见。

第五十一条（以多数人为对象之行政指导）

为达成相同之行政目的而对多数受指导者为行政指导时，如无特别事由，应公布成为行政指导共同内容之事项。

第七章　补则

第五十二条（费用之负担）

行政程序所需之费用由行政机关负担。但当事人等为自己而自愿支出之费用除外。

第五十三条（对参考人等之费用支付）

1. 在预算之范围内，行政机关可向执行行政程序所必要的参考人、鉴定人等支付旅费及日薪。

2. 关于第 1 项规定之费用之支付基准等，以总统令定之。

第五十四条（协助请求等）

总务处长官（第 4 章之法制处长）应为本法之有效运行而努力，必要时得确认其运行状态及现状，得向相关行政机关提出如提供相关资料等之协助要求。

附则

1.（试行日）本法自公布之日起 1 年后试行。

2.（适用例）试行本法时进行之处分、申报、行政上立法预告、行政预告及行政指导不适用本法。

附录二　信息自由法

德国《信息自由法》*

（2005 年 9 月 5 日）

联邦议院已经通过如下立法：

第一节　基本原则

1. 依据本法的规定，任何人均有权从联邦政府机构获得官方信息。只要联邦团体与组织依据公法履行行政任务，该法就适用于它们。根据上述规定，在联邦机构利用自然人或法人依据公法履行其义务的情况下，该自然人或法人会被等同于联邦机构对待。

2. 联邦机构可以提供信息、允许获得文档或以任何其他方式提供信息。在申请人要求以某种特定形式获得信息的情况下，该信息仅可以基于合理理由以其他方式提供，例如，若非以其他方式提供信息将产生实质上的更高的行政支出。

3. 其他立法中关于获得官方信息的规定优先适用，《行政程序法》（VwVfG）第29 节与《社会法典》第十书第 25 节例外。

第二节　定　义

在本法中：

1. 官方信息是指服务于官方目的的任何记录，而不论其保存方式如何。但不包括并未构成文档之一部分的草案与草稿。

2. 第三人是指个人数据或其他信息被持有的任何人。

第三节　特殊公共利益保护

获得信息权利不适用于：

1. 信息公开会对下述事项造成不利影响：

a）国际关系；

---

* 全称《关于获得联邦政府持有的信息的联邦法》，联邦法律公报 I，p. 2722.

b）联邦武装力量的军事及其他与安全尤关的利益；

c）内部或外部安全利益；

d）金融、竞争与管制机构的监控或监管任务；

e）外部金融控制事项；

f）预防违法对外贸易措施；

g）正在进行的司法诉讼过程、个人获得公正审判的权利或者对刑事的、行政的或惩罚性的违法行为的调查；

2. 信息公开可能危害公共安全；

3. 涉及以下两种情形之一的：

a）国际谈判的必要保密性；

b）联邦机构之间的协商受到损害；

4. 该信息，依据对该材料的法定管制或一般行政管制以及分类信息的组织保护，服从于遵守保密性的义务的要求，或者该信息服从于职业的或者特殊的官方保密性的要求；

5. 从其他公共团体临时获得的信息，而该团体并未把该信息作为自己文档的组成部分；

6. 信息公开将会损害联邦政府在贸易与商业中的财政利益或者损害社会保险组织的经济利益；

7. 基于信任而获得或转让的信息，受到保密对待的第三方利益在获得信息应用时仍然适用；

8. 情报机构、当局以及联邦政府的其他公共团体，根据《安全清除检查法》（SUEG）S10，no.3 履行义务的情形。

第四节　官方决策过程的保护

1. 对于与裁决相关的草案以及与裁决的准备直接相关的研究与决定的获得信息的申请应该被拒绝，只要该不成熟的信息的公开会妨害裁决或即将采取的官方措施的成功。对证据、专家意见或来自第三人的声明的采纳与听证的惯常结果不能被认为是按照前项所述，与裁决的准备直接相关。

2. 申请人应当被告知相关程序的结论。

第五节　个人数据保护

1. 获得个人数据只有在下述情况下才被允许：申请人在获得该信息中的利益超过第三人允许排除获得个人信息的利益，或者第三人明确表示同意。《联邦数据保护法》（BDSG）第3节第9条的特殊类型的个人数据只有依据相关第三人的明确同意才能转让。

2. 在信息来源于与第三人的人员或官方职位或第三人持有的命令相关的记录，或者信息服从于职业的或官方保密性的情况下，申请人在获得信息中的利益不能够占主导地位。

3. 在信息被限定于第三人的名称、头衔、学位、职业与职务标识、公务地址及公务通讯号码，并且第三人在程序中已经以顾问或专家的资格或者类似的资格提交声明的情况下，申请人在获得信息中的利益一般会超过第三人允许排除获得信息的利益。

4. 办公人员的名称、头衔、学位、职业与职务标识、公务地址及公务通讯号码不能排除于获得信息范围之外，只要这是公开活动的表达与后果，并且没有例外情形适用。

第六节　知识产权与商业或贸易秘密保护

在信息获得损害知识产权保护的情况下，不存在获得信息权利的适用。商业或贸易秘密的获得，只有在数据所有人同意的情况下才被允许。

第七节　申请与程序

1. 被授权处理申请信息的联邦机构对获得信息的申请作出决定。在第 1 节第 1 条、第 3 句的情况下，申请要向利用私法下的自然人或法人来履行其公法下的义务的联邦机构提出；涉及第 5 节第 1 条、第 2 条或第 6 节意义下的第三人之申请，必须陈述恰当理由。在 50 人以上的同一格式申请的情况下，《行政程序法》第 17～19 节作必要修改适用。

2. 在部分获得信息之权利适用的情况下，只要能够获得信息而没有暴露受保密性约束的信息或者没有不合理的行政支出，恰当的申请可以被允许。在申请人同意删除涉及第三人利益的信息的情况下，部分获得信息之权利也适用。

3. 提供信息可以以口头、书面或电子形式。联邦机构没有义务证实信息内容的正确性。

4. 在查阅官方信息时，申请人可以做笔记或者设法制作复制品或印刷品。但第 6 节第 1 句规定的情形除外。

5. 适当考虑申请人的利益，信息必须能被申请人即刻获得。获得信息必须在 1 个月内提供。但第 8 节规定的情形除外。

第八节　涉及第三人时的程序

1. 在有情况显示第三人可能有允许排除获得信息的利益时，联邦机构应给予第三人（其利益受到获得信息申请的影响）在 1 个月内提交书面声明的机会。

2. 按照第 7 节第 1 条第 1 句所作的决定应以书面形式提供并且也应告知第三人。只有在与第三人相关的决定是最终与绝对时，或者已经命令立即执行并且自该命令通知第三人时起已过两个星期，信息才可以被获得。第 9 节第 4 条作必要修改适用。

第九节　申请的拒绝：法律救济

1. 部分或全部拒绝申请的裁决的通知应该在第 7 节第 5 条第 2 句规定的期间内作出。

2. 一旦联邦机构部分或全部拒绝申请，其需告知将来是否及何时能够获得部分或全部信息。

3. 在申请人已经拥有该申请信息或者能够合理地期望可以从一般来源获得该信息的情况下，申请可以被拒绝。

4. 允许通过行政申诉或提起诉讼强制履行所请求的行政行为来质疑拒绝申请的决定。当拒绝申请决定由高等联邦机构作出时，可按照《行政法院法典》（VwGO）第 8 部分的规定提起行政申诉。

第十节　费用与开支

1. 依照本法，联邦机构的公务行为应该收取费用。但不适用于提供基本的信息项目。

2. 适当考虑所涉及的行政支出，费用应该以诸如确保第 1 节的信息获得能够有效主张的方式计算。

3. 联邦内政部被授权通过法定文件（无需联邦议会批准）对联邦机构的公务行为进行评价，决定收取相关费用的事实与情形并且确定费用等级。但《行政费用法》（VwKG）第 15 节第 2 条规定的情形除外。

第十一节　公布信息的义务

1. 联邦机构应保存表明可获得的信息资源与所收集信息的目的的目录。

2. 依据本法规定，不涉及个人数据的机构及其存档的计划应该可以获得。

3. 联邦机构应该使第 1 条与第 2 条所规定的计划与目录以及其他恰当信息的电子形式可以通过一般方式获得。

第十二节　联邦信息自由专员

1. 任何人（认为其依照本法规定的获得信息权利被侵犯）都可以向联邦信息自由专员申诉。

2. 联邦信息自由专员的职责由联邦数据保护专员履行。

3. 《联邦数据保护法》关于联邦数据保护专员的监控任务的规定（第 24 节第 1 条、第 3 条、第 5 条），关于申诉的规定（第 25 节第 1 条第 1 句第 1 项、第 4 项，第 2 句第 2 项、第 3 项）以及关于依照第 26 节第 1~3 条的更进一步的任务，作必要修改适用。

第十三节 对其他法规的修正

1. 《联邦数据保护法》，2003 年 1 月 14 日颁布（联邦法律公报 I，p. 66），作如下修正：

在第二部分第三章目录以及 S21 - 26 与在 S4c（2），第二句，S4d（1），（6），第三句，S6（2），第四句，S10（3），第一句，S19（5），第二句，S6，第一句，在第二部分第三章标题，在 S21 - 26，在 S42（1），第一句，第二从句，S4，第三句与 S44（2），第二句，将短语"对于数据保护"改为"对于数据保护与信息自由"。

2. 下面这句加在 1988 年 1 月 6 日颁布的《联邦记录办公法》（联邦法律公报 I，p. 62）中，最近该法修正于 2002 年 6 月 5 日（联邦法律公报 I，p. 1782）：

"这同样适用于档案材料，在转移至联邦档案或立法机构档案之前，依据《信息自由法》，信息获得能够得到保障。"

第十四节 报告与评价

联邦政府在本法终止前 2 年向联邦议院报告本法的适用。联邦议院会在本法终止前 1 年依据科学标准评价本法。

第十五节 生 效

本法自 2006 年 1 月 1 日起生效。

日本《信息公开法》*

（1998 年）

第一章 总 则

第一条（目的）

本法的目的在于以国民主权理念为基础，通过规定请求公开行政文件的权利等

---

* 全称《行政机关拥有信息公开法》

事项,使行政机关拥有的信息进一步公开化,以此使政府就其从事的各种活动对国民承担说明责任,同时有助于推进置于国民有效的理解和批评之下的公正的民主行政。

第二条(定义)

本法中的"行政机关"是指下列各项中规定的机关。

(一)依据法律规定在内阁中设置的机关以及属内阁管辖的机关。

(二)国家行政组织法(昭和23年法律第120号)第3条第2款的规定设置的国家行政机关(后项中由政令规定的机关所设置的机关中,不包含由该政令规定的机关)。

(三)国家行政组织法第8条之二规定的设施等机关以及该法第8条之三规定的特别机关中,由政令规定的机关。

(四)会计检查院。

本法中的"行政文件"是指行政机关的职员在职务活动中制作或获得的,供组织性使用的,且由该行政机关拥有的文书、图画以及电磁性记录(指以电子、磁气以及其他依人的知觉难以认识的方式制作的记录,以下同)。但不包括以下各项文件。

(一)官报、白皮书、报纸、杂志、书籍以及其他以向不特定多数人销售为目的发行的文件。

(二)在政令规定的公共档案馆及其他机关中,依据政令的规定属于历史性或文化性的资料或者用于学术研究的资料而被特别管理的文件。

第二章　行政文件的公开

第三条(公开请求权)

任何人都可以依据本法的规定,向行政机关的首长(机关为前条第1款第3项中由政令规定的机关时,指各机关中由政令规定的人员)请求公开该行政机关拥有的行政文件。

第四条(公开请求程序)

依据前条的规定提出公开请求(以下称"公开请求")的,应向行政机关的首长提交记载有以下各项内容的书面请求(以下称"公开请求书")。

(一)公开请求提出者的姓名或名称以及住址或居住地。公开请求人为法人或其他团体的,其代表人的姓名。

(二)行政文件的名称及其他足以将公开请求的行政文件特定化的事项。

行政机关的首长认为公开请求书在形式方面有不完备之处时,可以指定相应的期限,要求公开请求提出者(以下称"公开请求人")予以补正。行政机关的首长应尽力为公开请求人提供补正所需要的参考信息。

第五条（行政文件的公开义务）

有公开请求时，除被公开请求的行政文件中记载有下列各项信息（以下称"不公开信息"）的，行政机关的首长，应向公开请求人公开该行政文件。

（一）与个人相关的信息（不包括经营业务的个人所从事业务的信息）中，包含姓名、生日以及其他可以识别特定的个人的信息（包含与其他信息相互对照时可以识别特定个人的信息）或虽不能识别特定的个人但因公开可能损害个人权利利益的信息。但以下的信息除外。

1. 依法令规定或习惯被公开，或者将被公开的信息。

2. 为保护人的生命、健康、生活或财产，有必要公开的信息。

3. 该个人为公务员（国家公务员法（昭和22年法律第120号）第2条第1款规定的国家公务员以及地方公务员法（昭和25年法律第261号）第2条规定的地方公务员）的，该信息为其履行职务相关的信息时，该信息中与该公务员的职位以及职务履行的内容相关的部分。

（二）与法人、其他团体（不包含国家和地方公共团体。以下称"法人等"）相关的信息中，或从事业务经营的个人的与该业务相关的信息中，符合以下规定的各种信息。但不包含为保护人的生命、健康、生活或财产有必要公开的信息。

1. 因公开可能损害该法人等或该个人的权利、竞争上的地位和其他正当的利益的信息。

2. 接受行政机关的要求，以不公开为条件自愿提供的信息中，法人等或个人中依惯例不公开的信息以及其他依照该信息的性质、当时的状况附加该条件为合理的信息。

（三）行政机关的首长有相当的理由认为公开可能危害国家安全，损害与其他国家、国际组织的信赖关系或使与其他国家或国际组织的交往受到不利益的信息。

（四）行政机关的首长有相当的理由认为公开可能妨碍犯罪预防、镇压或侦查、支持公诉、刑罚执行及其他公共安全和秩序维持的信息。

（五）国家机关和地方公共团体内部或相互之间有关审议、讨论或协议的信息中，因公开可能对坦率的意见交换、意思决定的中立性造成不当损害、可能产生国民间的混乱、可能不当地给予特定的人利益或不利益的信息。

（六）国家机关或地方公共团体从事的事务和事业的信息中，因公开可能造成下列后果，以及其他由于该事务或事业性质上的原因，可能妨碍该事务或事业合理运行的信息。

1. 监察、检查、管理或实验中，可能造成难以正确把握事实、容易导致违法或不当的行为，或发现困难的。

2. 合同、谈判或争讼中，可能导致不当地危害国家或地方公共团体财产上的利益或当事人地位的。

3. 调查研究事务中，可能导致不当地妨碍公正和效率的调查的。

4. 人事管理事务中，可能导致妨碍公正、协调进行人事管理的。

5. 国家或地方公共团体经营的企业事业中，可能导致危害企业经营方面的正当利益的。

第六条（部分公开）

被请求公开的行政文件中记录有不公开信息时，记录有该不公开信息的部分容易被区分和除去的，行政机关的首长应将已除去该部分内容后的其他部分向公开请求人公开。但是，除去该部分内容后的其他部分中未记录有有意义的信息的，不受此限制。

被请求公开的行政文件中记录有前条第 1 项所规定的信息（只限于可以识别特定个人的信息）时，该信息除去姓名、生日及其他可以识别特定个人的内容等部分后，即使被公开也不可能侵害个人的权利利益的，除去该部分内容后的其他部分被视为不属于该项所规定的信息，适用前款规定。

第七条（依公益上的理由裁量公开）

被请求公开的行政文件中即使记录有不公开信息的，行政机关的首长认为在公益上存在特别的必要性时，可以向公开请求人公开该行政文件。

第八条（关于行政文件的存在与否的信息）

针对公开请求，仅回答该请求的行政文件是否存在就会导致不公开信息公开的后果时，行政机关的首长可以用不确定该行政文件是否存在的方式拒绝该公开请求。

第九条（对公开请求的措施）

行政机关的首长决定全部公开或者部分公开被请求公开的行政文件的，应作出公开决定，并以书面的方式将决定内容以及由政令规定的实施公开的事项通知公开请求人。

行政机关的首长决定全部不公开被请求公开的行政文件的（包括前条所规定的拒绝公开请求时以及不拥有公开请求的行政文件时），应作出不公开决定，并以书面的方式将决定内容通知公开请求人。

第十条（公开决定等事项的期限）

前条各款规定的决定应自公开请求之日起 30 日之内作出。但依第 4 条第 2 款规定要求补正的，该补正所需日期数不计算在该期限内。

有事务处理方面的困难及其他正当的理由，行政机关的首长可不受前款限制将该款规定的期限延长 30 日。行政机关的首长应及时以书面方式将延长后的期限和延长的理由通知公开请求人。

第十一条（公开决定等事项的期限的特别规定）

因被请求公开的行政文件极其大量，自公开请求之日起 60 日以内对全部事项作出公开等决定可能严重妨碍事务处理的，行政机关的首长可不受前条规定的限制，对被请求公开的行政文件中的一定部分作出在该期限内公开等决定，对其余部分的行政文件在相当的期限之内作出公开等决定。届时，行政机关的首长应在该条第 1 款规定的期限以内，以书面方式通知公开请求人下列事项。

（一）适用本条的内容和理由。

（二）对其余部分的行政文件作出公开等决定的期限。

第十二条（请求案的移送）

被请求公开的行政文件为其他行政机关制作的，且有正当理由要求其他行政机关的首长作出公开等决定的，行政机关的首长在与该其他行政机关的首长协商的基础上，可以将请求案移送该行政机关的首长。作出移送的行政机关的首长应就请求案已移送的事项以书面方式通知公开请求人。

依前项规定请求案被移送的，接受移送的行政机关的首长应就该公开请求作出公开等决定。作出移送的行政机关的首长在移送之前的行为视为接受移送的行政机关的首长的行为。

依前项规定接受移送的行政机关的首长作出第 9 条第 1 款规定的决定（以下称"公开决定"）时，该行政机关的首长有义务实施公开决定。作出移送的行政机关的首长应协助实施该公开决定。

第十三条（给予第三人提出意见书机会等）

被请求公开的行政文件中记录有国家、地方公共团体或公开请求人之外的他人（以下本条、第 19 条和第 20 条中称"第三人"）的信息的，行政机关的首长在作出公开等决定时可以将请求公开的行政文件的内容以及其他政令规定的事项通知与该信息相关的第三人，给予其提出意见书的机会。

有下列各项规定的情况的，行政机关的首长在作出公开决定之前，应将公开请求的行政文件的内容以及其他政令规定的事项以书面方式通知第三人，给予其提出意见书的机会。但难以判明该第三人的所在时则不在此限。

（一）决定公开记录有与第三人相关信息的行政文书的，认为该信息属于第 5 条第 1 项第 2 目或该条第 2 项但书规定的信息。

（二）依据第 7 条的规定，决定公开记录有与第三人相关信息的行政文书。

依据前 2 款的规定被给予提出意见书机会的第三人提出反对公开该行政文件的意见书的，行政机关的首长在作出公开决定时，在公开决定之日与实施公开决定之日之间至少应设置两周的间隔时间。行政机关的首长在作出公开决定后应立即以书面方式将公开决定的内容和理由以及公开决定的实施日通知提出该意见书（第 18 条和第 19 条中称"反对意见书")的第三人。

第十四条（公开决定的实施）

行政文件为文书和图画的，以查阅、交付复印件的方式，为电磁性记录的，根据其种类、信息化的发展程度等状况以政令规定的方法公开。但行政机关的首长认为行政文件的公开方法可能影响该行政文件的保存以及有其他正当理由的，可以以复印件的方式公开。

依据公开决定行政文件公开的接受人应根据政令的规定，向作出公开决定的行政机关的首长申请公开的实施方法和其他政令规定的事项。

前款规定的申请应在第 9 条第 1 款规定的通知之日起 30 日之内提出。但该期限之内有正当理由不能提出申请的，不在此限。

依据公开决定行政文件公开的接受人在最初接受公开之日起的 30 日之内，可以向行政机关的首长提出进一步公开的申请。该申请也适用前款的但书规定。

第十五条（与其他法令规定的公开的实施的调整）

其他法令中规定有应任何人的公开请求，行政文件的公开方法与前条第 1 款本文规定的方法为同一方法的（规定有公开期限的，在该期限之内），行政机关的首长不受该款本文的限制，不依该同一方法公开该行政文件。但该项其他法令中规定有在一定的场合不公开内容的，不受此限制。

其他法令中规定的公开方法为随意参阅的，该随意参阅视为前条第 1 款本文规定的查阅，适用前款的规定。

第十六条（手续费）

公开请求的提出人或行政文件公开的接受人应按照政令的规定各自在实际发生的费用范围内缴纳由政令规定金额的公开请求手续费和公开决定实施手续费。

设定前款规定金额时，应尽量考虑容易使用的金额数。

行政机关的首长确认具有经济上的困难或其他特别的理由时，可以依据政令的规定减少或免除第 1 款规定的手续费。

第十七条（权限和事务的委任）

行政机关的首长可以根据政令（行政机关为属内阁管辖的机关和会计院时，包含该机关的命令）的规定，将本章中规定的权限和事务委任于该行政机关的职员。

第三章　行政复议等

第一节　咨询等

第十八条（对审议会的咨询）

依据行政不服审查法（昭和 37 年法律第 160 号）对公开等决定提出复议申请时，对该复议申请应作出裁决或决定的行政机关的首长，除符合以下各项规定之一外，应向信息公开审查会（对复议申请应作出裁决或决定的行政机关的首长为会计检查院的首长时，审查会由法律另行规定。第 3 节中总称为"审查会"）提出咨询。

（一）复议申请不合法，驳回的。

（二）裁决或决定撤销或者变更复议申请的公开等决定（内容为全部公开被请求公开的行政文件的决定除外。以下部分中本项和第 20 条相同），全部公开该复议申请的行政文件的。但对该公开等决定提出反对意见书的除外。

第十九条（咨询结果的通知）

根据前条的规定完成咨询的行政机关的首长（以下称"咨询提出机关"），应向下列各项中规定的人员通知咨询的结果。

（一）复议申请人以及参加人。

（二）公开请求人（公开请求人为复议申请人或参加人时除外）。

（三）对该复议申请的公开等决定提出反对意见书的第三人（该第三人为复议申请人或参加人时除外）。

第二十条（不支持第三人的复议申请时的程序）

作出以下各项裁决或决定时适用第 13 条第 3 款的规定。

（一）作出驳回或不支持第三人对公开决定提出的复议申请的裁决或决定时。

（二）作出变更复议申请的公开等决定，公开该公开等决定所指的行政文件的裁决或决定（只限于作为第三人的参加人对该行政文件的公开提出反对意见时）。

第二节 信息公开审查会

第二十一条（设置）

为调查审议第 18 条规定的咨询程序中的复议申请，在总理府中设置信息公开审查会。

第二十二条（组织）

信息公开审查会由委员 9 名组成。

委员为非专职人员。但其中可有 3 名为专职人员。

第二十三条（委员）

委员从具有优越见识的人员中产生，经两议院批准后由内阁总理大臣任命。

委员任期届满或发生空额的，因国会闭会或众议院解散不能获得两议院批准时，内阁总理大臣可以不受前款规定的限制，从具有前款规定资格的人员中任命委员。

根据前款规定任命的委员，应在任命后最初的国会中获得两议院的事后承认。未获得两议院事后承认时，内阁总理大臣应立即罢免该委员。

委员的任期为 3 年。但填补空额的委员的任期为前任者的剩余期间。

委员可以再任。

委员任期届满的，该委员应继续履行职务至后任者被任命为止。

　　内阁总理大臣认为委员因身心障碍难以履行职务时，或认为委员违反职务上的义务以及存在其他不适合委员身份的不正当行为时，经两议院批准，可罢免该委员。

　　委员不得泄露因职务活动所知道的秘密。该职务卸任之后也同样承担此义务。

　　委员在任期间不得担任政党及其他政治团体的干部，或积极参与政治活动。

　　除获得内阁总理大臣的许可，专职委员在任期间不得从事其他获得报酬的职务，或从事营利事业，以及以金钱上的利益为目的的其他业务活动。

　　委员的工资由法律另行规定。

第二十四条（会长）

　　信息公开审查会中设会长职位，由委员互选产生。

　　会长总理会务，代表信息公开审查会。

　　会长因故缺席时，由事先指定的委员代理其职务。

第二十五条（合议体）

　　信息公开审查会指定3名委员组成合议体，调查审议复议申请案件。

　　依信息公开审查会规定，可不受前款的限制，由全体委员组成合议体调查审议复议申请案件。

第二十六条（办公室）

　　为处理信息公开审查会的事务，信息公开审查会内设置办公室。

　　办公室内设办公室主任和所需的职员。

　　办公室主任接受会长的命令，管理办公室事务。

第三节　审查会的调查审议程序

第二十七条（审查会的调查权）

　　审查会认为必要时，可以要求咨询提出机关出示公开等决定所涉及的行政文件。任何人不得要求审查会公开该被出示的行政文件。

　　咨询提出机关不得拒绝审查会根据前款规定提出的要求。

　　审查会认为必要时，可以要求咨询提出机关依照审查会指定的方法，对被作出公开等决定的行政文件中记录的信息内容进行分类或整理，并将分类或整理后的资料提交审查会。

　　除第1款以及前款的规定之外，审查会可以就复议申请的案件，要求申请人、参加人或咨询提出机关（以下称"复议申请人等人员"）提交意见书或资料，要求适当的人员陈诉所知事实或鉴定，以及进行其他必要的调查。

第二十八条（意见陈述）

　　复议申请人等人员提出申请的，审查会应给予其口头陈述意见的机会。但审查会认为无必要时不受此限。

　　前款规定本文中，复议申请人或参加人经审查会许可，可与辅助人员一起到席。

第二十九条（意见书等的提出）

复议申请人等人员可以向审查会提出意见书或资料。但审查会对意见书或资料的提出规定相应期间的，应在该期间之内提出。

第三十条（委员的调查程序）

审查会认为必要时，可以要求指定的委员查阅依照第27条第1款规定出示的行政文件，进行依据该条第4款规定的调查，听取依据第28条第1款本文规定的复议申请人等人员的意见陈述。

第三十一条（提交资料的查阅）

复议申请人等人员可以向审查会要求查阅被提交至审查会的意见书或资料。该要求如无损害第三人利益的可能或其他正当的理由，审查会不得拒绝查阅。

在前款规定的查阅中，审查会可以指定日期、时间以及场所。

第三十二条（审查会程序的非公开）

审查会的调查审议程序不公开。

第三十三条（复议申请的限制）

对本节规定的审查会或委员作出的处分，不得依据行政复议法提出复议申请。

第三十四条（答询书的送交等）

审查会对咨询作出答询时，应在送交复议申请人和参加人答询书复印件的同时，公布答询的内容。

第三十五条（对政令的委任）

除本节的规定之外，有关审查会调查审议程序的必要事项，由政令（第18条由法律另行规定审查会的，为会计检查院规则）规定。

第四节　诉讼管辖特别规定等

第三十六条（诉讼管辖的特别规定等事项）

请求撤销公开等决定的诉讼和对请求撤销对公开等决定的复议申请作出的裁决或决定的诉讼（下款和附则第3款中称"信息公开诉讼"），除行政事件诉讼法（昭和39年法律第139号）第12条规定的法院之外，也可向对管辖原告普通审判籍所在地的高等法院的所在地拥有管辖权的地方法院（下款中称"特定管辖法院"）提起。

依据前款的规定向特定管辖法院提起诉讼时，其他法院对同一或同种或者类似的行政文件正进行信息公开诉讼的，该特定管辖法院在考虑当事人的住所或所在地、应受询问证人的住所、争点或证据的共同性及其他事项的基础上认为有必要的，可以依申请或职权将全部或者部分诉讼移送该其他法院或行政事件诉讼法第12条规定的法院。

第四章　补　则

第三十七条（行政文件的管理）

行政机关的首长应以有利于合理、灵活适用本法为目的，合理管理行政文件。

行政机关的首长应根据政令制定行政文件管理的规定，并供一般查阅。

前款的政令中应规定行政文件的分类、制作、保存以及废止的基准以及有关行政文件管理的其他必要事项。

第三十八条（对公开请求人的信息提供等）

为使公开请求人容易并且有效提出公开请求，行政机关的首长应提供有助于将该行政机关拥有的行政文件特定化的信息以及采取其他方便公开请求人的确切措施。

为确保本法的合理适用，总务厅长官应设置针对公开请求的综合性指导机构。

第三十九条（施行状况的公布）

总务厅长官可以要求行政机关的首长提供本法的施行状况报告。

总务厅长官应于每年度总结前款规定的报告，公布其概要。

第四十条（行政机关拥有信息提供措施的完善）

政府为综合推进其拥有信息的公开，使行政机关拥有的信息以适时且适当的方法向国民公开，应努力完善行政机关拥有信息的提供措施。

第四十一条（地方公共团体的信息公开）

地方公共团体应根据本法的宗旨，在公开其拥有的信息方面努力制定必要的措施并加以实施。

第四十二条（特殊法人的信息公开）

对依法律直接设立的法人或依特别的法律以特别设立行为设立的法人（不适用总务厅设置法（昭和 58 年法律第 79 号）第 4 条第 11 项规定的法人除外。以下称"特殊法人"），根据其性质以及业务内容，为推进特殊法人所拥有的信息的公开和提供，政府应在信息公开方面努力采取法制上及其他必要的措施。

第四十三条（对政令的委任）

除本法的规定之外，本法实施的必要事项由政令制定。

第四十四条（罚则）

对违反 23 条第 8 款的规定泄露秘密者，处 1 年以下的徒刑或 30 万日元以下的罚金。

附　则

1. 本法自公布之日起的 2 年之内由政令规定之日起实施。但第 23 条第 1 款中有关获得两议院批准的部分，第 40 条至第 42 条以及下款的规定，自公布之日起施行。

2. 政府应在本法公布后以 2 年为目标，就公开特殊法人拥有的信息采取第 42 条规定的法制上的措施。

3. 政府应于本法施行后以 4 年为目标，研讨本法的施行状况以及信息公开诉讼的管辖状况，在此基础上采取必要的措施。

韩国《信息公开法》*

（1996 年 12 月 31 日公布；1998 年 1 月 1 日实施）
（2004 年 1 月 29 日修订；2004 年 7 月 30 实施）

第一章　总则

第一条（目的）

本法律的目的在于，规定公共机关由保有，管理的信息的公开义务，并规定国民要求公开信息的必要事项，以保障国民的权利，确保国民的参政权以及加强政策运行的透明性。

第二条（定义）

本法律使用用语的定义为以下：

（一）"信息"是指公共机关在公务中作成、取得并正在管理中的文书、图画、照片、胶卷、磁带、幻灯片以及由网络媒体记录下来的事项。

（二）"公开"是指公共机关依据本法律之规定，允许阅览信息以及交付信息的手抄本或复印本。

（三）"公共机关"是指国家机关、地方自治团体、《政府投资机关管理法》第 2 条规定的政府投资机关和其他总统设定的机关。

第三条（信息公开的原则）

依据本法律之规定，由公共机关保存、管理的信息应该予以公开。

第四条（适用范围）

信息的公开除其他法律有特别规定之外，适用本法律。

地方自治团体对其管辖内的事务，在法令规定的范围之内，有权制定相关信息公开的条例。

涉及国家安全保障的信息以及管理保密业务的机关对以国家安全保障的信息分析为目的而搜集、制作的信息，不适用本法律。

---

* 全称《公共机关信息公开法律》，姜香花译。

第五条（公共机关的义务）

公共机关应运用本法律，制定相关法令，以做到国民要求公开信息的权利得到尊重。

公共机关要设置信息管理系统，以做到信息的适当保存以及迅速检索。

第二章　信息公开请求权利人以及非公开对象信息

第六条（信息公开请求权利人）

全体国民有权请求公开信息。

外国人的信息公开请求由总统特定。

第七条（非公开信息）

公共机关对于符合以下各项条件的信息，可以不公开：

（一）其他法律法令规定为保密的信息或已列入为非公开信息事项的信息；

（二）如被公开，有可能损害国家安全保障、国防、统一、外交关系等国家重大利益的信息；

（三）如被公开，有可能危及国民的生命、安全、财产以及有可能明显损害其他公共安全和利益的信息；

（四）与诉讼审理中的案件有牵连的信息以及因为牵系到犯罪的预防、搜查、提诉、执行、保安处分等事项，如果被公开则明显会阻碍公务的正常进行，或者有充分的理由可认定，公开信息会侵害刑事被告人接受公正审理的信息；

（五）有关检查、监督、监查、考核、规制、招标合同、技术开发、人事管理、决议过程或内部检查过程的事项中，如被公开则会阻碍公务的正常进行和阻碍到研究开发的信息；

（六）根据信息里的姓名、身份证号码可以识别到特定对象人并牵系到个人隐私的信息。但是，以下列举的个人信息除外：

1. 依据法令之规定，可以阅览的信息；

2. 由公共机关以公开为目的作成和取得，并不侵害个人隐私的信息；

3. 由公共机关作成和取得并且所公开的事项有益于公益、个人权利的救济。

（七）关系到法人、团体或个人营业的保密事项，如公开则明显会损害法人等的正当利益的信息。但是以下列举的信息除外：

1. 为了保护国民的生命、身体、健康不受事业活动的危害，而有必要公开的信息；

2. 为了保护国民财产或正常的生活不受违法、不当事业活动的侵害，而有必要公开的信息；

（八）如果公开，有可能给专司不动产投机、垄断等活动的特定人带来利益和导致不法利益的信息。

公共机关对于符合前款第 1 项的信息，因期限等原因已丧失非公开必要性的时候，应把该当信息列为公开对象。

第三章　信息公开的手续

第八条（信息公开的请求方法）

请求公开信息人（以下简称"请求人"）应向保存、管理该信息的公共机关提交记载以下各项事项的请求书：

（一）请求人的姓名、住址登录证号码以及住址（住址登录证号—身份证号码）；

（二）请求公开之信息的内容及使用目的。

因请求人要求提供的信息事项过于详细或要求提供过多的信息量，明显给正常业务带来障碍的情况下，可以限制提供信息的手抄本和复本。

关于前两款规定的事项以外的信息的请求，必要时由国会规则、大法院规则、宪法裁判所规则或总统令来规定。

第九条（信息公开的决定）

公共机关应依据第 8 条之规定，如发生公开信息的请求，自接受请求之日起 15 日之内作出是否公开的决定。

公共机关因不得已的事由（不可抗力）不可能在第 1 款规定的期限内作出是否公开信息的决定时，从期限届满次日开始计算，可在 15 日之内延长是否公开信息的决定期限。此时，公共机关应及时用书面形式通知请求人其延长理由。

公共机关如认为公开对象中的信息的一部分或全部与第三人有关联，应及时通知第三人该当事实；如有必要，可听取其意见。

从请求公开信息之日起 30 日之内，如公共机关没有决定是否公开信息，可视为决定不公开。

第十条（信息公开审议会）

公共机关依据第 9 条之规定设置审议会进行运营并审议是否公开信息。

关于信息公开审议会的组织结构、运营以及机构的必要事项由国会规则、大法院规则、宪法裁判所规则或总统令来制定。

第十一条（信息公开决定的通知）

公共机关应当依据第 9 条之规定，如决定公开该当信息，则应及时用明示的方式通知请求人公开的时间和场所。

公共机关依据第 1 款之规定，决定公开该当信息，但公开其原本可能发生被污损、破损的情况或其他相应的状况时，可以只公开该当信息的复制本。

公共机关依据第 9 条之规定，作出不公开的决定时，应及时将其决定用书面形式通知到请求人并应明确告知不公开的理由、不服该决定的救济方式及其手续。

第十二条（部分公开）

请求公开的信息同时包含第 7 条第 1 款规定的非公开事项和可以公开的事项时，依据公开请求的原则，如果能分开处理，则应公开第 7 条第 1 款规定之外的其他该当信息。

第十三条（关于能及时处理的信息的公开手续）

可以直接处理或可以用口头方式处理的信息的请求公开手续由总统令来规定。

第十四条（请求人的义务）

请求人应依据本法律之规定，将其获得的信息使用于正当目的。

第十五条（费用负担）

信息的公开以及邮送所需的费用，在实际使用的范围之内由请求人来负担。

请求公开信息的目的被认定为有利于公共利益的维持或增进，可根据第 1 款规定减免其费用。

有关第 1 款中规定的费用及其征收的必要事项由国会规则、大法院规则、宪法裁判所规则、中央选举管理会规则或总统令来制定。

第四章　权利救济制度

第十六条（异议申请）

请求人在请求公开信息过程中，因公共机关的作为或不作为而受到法律上的利益侵害时，在收到公共机关的决定通知之日或第 9 条第 4 款之规定可视为决定不公开信息之日起 30 日之内，可向该当公共机关用书面方式提出异议申请。

公共机关应在收到异议申请之日起 7 日之内作出答复，并及时用书面方式将其结论通知请求人。

公共机关作出撤销或否决异议申请的决定时，根据第 2 款规定通知其结果的同时也应该通知请求人，有权利提起行政诉讼或裁判。

第十七条（行政审判）

请求人在请求公开信息过程中，因公共机关的作为或不作为而受到法律上的利益侵害时，可依据行政审判法之规定提起行政审判。

请求人可以不经过第 16 条规定的异议申请，直接提起行政审判。

行政审判委员会的委员，如果与公开信息的行政审判案件有联系，不论在其在职中或者退职后，都不得泄漏其职务中的秘密。

对于第 3 款中的委员，在适用刑法或其他罚则时，将其视为公务员。

第十八条（行政诉讼）

请求人在请求公开信息过程中，因公共机关的作为或不作为而受到法律上的利益侵害时，可依据行政诉讼之规定提起行政诉讼。

裁判长在认为有必要的时候，可以在当事人不参加的情况下，以非公开的方式阅读和审查该当信息。

裁判长如认为裁判的对象是第7条第2款中的规定涉及的有关国家安全保障、国防或外交而不能公开的信息，并且公共机关对信息的手续、秘密等级、种类、性质和将其当作秘密信息的实质性理由，如能提出不可公开的证据，则有权不提出该当信息。

第十九条（第三人的异议申请等）

依据第9条第3款之规定，收到公开请求事实通知的第三人，可以在收到通知的3日内，向该当公共机关请求不要公开该当信息。

公共机关虽然收到前款规定的由第三人提出的不公开请求，仍决定公开该信息，则须用书面形式通知该第三人公开信息的理由。此时，收到公开通知的第三人可用书面形式提出异议申请，并可提起行政审判和行政诉讼；异议申请要在收到通知的7日之内提出。

第16条第2款、第3款，第17条条第1款后段部分、第2、3、4款以及第18条第2、3款的规定对于本条第3款中的异议申请、行政审判、行政诉讼可照准适用。此时，请求人可视为第三人。

第五章　补充规则

第二十条（制度决策）

由总务处长官负责法律上的公开信息制度的政策树立以及有关制度改善事项的企划和决策业务。

第二十一条（信息的提供）

公共机关应积极提供虽然未被请求公开但国民有必要了解的信息。

第二十二条（主要文书目录的作成和配置）

公共机关应作好主要文书目录的作成和配置工作，以便一般国民能方便利用属于公开对象的信息。

公共机关应布置信息公开的场所，配备所需设备，以便信息公开事务的迅速、顺利进行。

第二十三条（资料的提出要求等）

国会事务总长、裁判所行政处长、宪法裁判所事务总长、中央选举管理会事务总长以及总务处长官，在认为有必要的时候，可要求相关公共机关互相协助提供关于信息公开的资料。

总务处长官为了信息公开制度的有效运营，在认为有必要的时候可对公共机关

进行信息公开制度的运行状态的检查。（国会事务处、裁判所行政处、宪法裁判所以及中央选举管理会除外）

第二十四条（委任规定）

与本法律的实施有关的必要事项由国会规则、大法院规则、宪法裁判所规则、中央选举管理会规则以及总统令来制定。

本法律从公布之日起 1 年之后发生效力。

附录三 行政复议法

韩国行政审判法

(1984 年 12 月 15 日, 法律第 3755 号;
修改
1988 年 8 月 5 日法律第 4017 号;
1995 年 12 月 6 日法律第 5000 号;
1997 年 8 月 22 日法律第 5370 号;
1998 年 12 月 28 日法律第 5600 号)

第一章 总 则

第一条 (目的)

本法的目的是, 通过行政审判程序, 对于因行政机关的违法或者不当处分以及其他公权力的行使等所造成的对国民权利或者利益的侵害进行救济, 同时以期实现行政的合理运作。

第二条 (定义)

本法所使用用语的定义如下所示:

"处分" 是指行政机关所为的与具体事实有关的法律执行行为中, 公权力的行使或者拒绝以及其他可视作该行为的行政作用。

"不作为" 是指行政机关在法律上负有义务对当事人的申请在相当的期间内为一定的处分, 但是并未为之。

"裁决" 是指对于行政审判的请求, 第 5 条所规定的裁决机关依据行政审判委员会 (包括国务总理行政审判委员会) 的审理以及议决的内容作出的判断。

适用本法时, "行政机关" 应当包括根据法令接受了行政权限的授权或者委托的行政机关、公共团体以及其他的机关或者私人。

第三条 (行政审判的对象)

对于行政机关的处分或者不作为, 可以根据本法之规定请求进行行政审判, 但其他法律中有特别规定的除外。

对于总统的处分或者不作为，不可以根据本法请求行政审判，但其他法律中有特别规定的除外。

第四条（行政审判的种类）

行政审判分为以下三类：

（一）撤销审判：请求撤销或者变更行政机关违法或者不当处分的审判；

（二）无效等的确认审判：对于行政机关的处分有无效力或者可否存在请求予以确认的审判；

（三）义务履行审判：对于行政机关违法或者不当的拒绝处分或者不作为，请求为一定行为的审判。

第二章　审判机关

第五条（裁决机关）

对于行政机关的处分或者不作为，该行政机关最近的上级机关为裁决机关，但第2款至第5款规定的情形除外。

对于以下各项所规定的行政机关的处分以及不作为，由该行政机关担任裁决机关：

（一）国务总理、行政各部负责人以及总统直属机关的负责人；

（二）国会事务总长、法院行政处长、宪法法院事务处长以及中央选举管理委员会；

（三）其他无主管监督行政机关的行政机关。

对于特别市市长、广域市市长或者道知事（包括教育监，以下相同）的处分或者不作为，由各主管监督行政机关担任裁决机关。

对于特别市市长、广域市市长或者道知事下属的各级国家行政机关或者其管辖区域内的自治行政机关的处分或者不作为，分别由特别市市长、广域市市长或者道知事担任裁决机关。

对于根据政府组织法第3条或者其他法律的规定所设置的国家特别地方行政机关（总统令规定的中央行政机关下属的国家特别地方行政机关除外）的处分或者不作为，由该国家特别地方行政机关所属的中央行政机关的负责人担任裁决机关。

第六条（行政审判委员会）

为了审理和议决行政审判请求（以下称为"审判请求"），在各裁决机关（国务总理以及中央行政机关负责人担任裁决机关的除外）之下设置行政审判委员会。

行政审判委员会由15人以内的委员组成，其中含委员长1人。

行政审判委员会的委员长由裁决机关担任，必要时可以由下属的公务员代行其职务。

行政审判委员会的委员应当由该裁决机关在符合如下各项规定之一的人员或者下属的公务员中委托或者指名：

（一）有律师资格的人士；

（二）在高等教育法第 2 条第 1 项或者第 3 项规定的学校中担任或者曾经担任教授法律学等的副教授以上职务的人士；

（三）曾是行政机关 4 级以上公务员的人士或者其他有行政审判知识以及经验的人士。

行政审判委员会的会议由委员长以及委员长于每次会议召开时指定的 6 名委员组成，但是必须有 4 人以上是符合第 4 款各项规定之一的人士。

行政审判委员会进行议决应由第 5 款规定的组成人员过半数出席并由出席者过半数赞成方可作出。

行政审判委员会的组织和运作、委员的任期和身份的保障以及其他必要的事项，由总统令予以规定。但是，第 5 条第 2 款第 2 项所规定的机关中，国会事务总长、法院行政处长、宪法法院事务处长、中央选举管理委员会下设的行政审判委员会的相关事宜分别由国会规则、大法院规则、宪法法院规则、中央选举管理委员会规则予以规定。

第六条之二（国务总理行政审判委员会）

为了确保国务总理以及中央行政机关首长作为裁决机关审理以及议决审判请求，在国务总理的管辖之下设置国务总理行政审判委员会。

国务总理行政审判委员会由 50 名以内的委员构成，其中委员长 1 人，委员中常任委员在 2 人之内。

国务总理行政审判委员会委员长由法制处处长担任，必要时可由其下属公务员代行其职务。

国务总理行政审判委员会常任委员作为特别职务国家公务员，由法制处处长在 3 级以上公务员并有 3 年以上工作经验的人士以及其他有丰富的行政审判知识与经验的人士中推荐，经国务总理同意后，由总统任命，其任期为 3 年，并可以连任 1 次。

国务总理行政审判委员会常任委员之外的委员，由符合第 6 条第 4 款各项规定之一的人士或者经国务总理在总统令规定的行政机关公务员中委托或者指名的人士担任。

国务总理行政审判委员会的会议由委员长、常任委员以及由委员长于每次会议召开时指定的委员共 9 人组成。其中，符合第 6 条第 4 款各项之一的人士必须在 5 人以上。

国务总理行政审判委员会需有由第 6 款规定的组成人员过半数出席，并有出席委员过半数赞成方可形成议决。

有必要事先研究委员长所指定的审判请求案件（以下称为"案件"）的，国务总理行政审判委员会可以设置小委员会。

国务总理行政审判委员会的组织、运作以及委员的任期、身份保障等其他必要的事项，由总统令予以规定。

第七条（委员的除斥、忌避、回避）

第6条规定的行政审判委员会以及第6条之2规定的国务总理行政审判委员会（以下称为"委员会"）的委员，有以下各项情形之一的，应除斥于该审判请求案件（以下称为"案件"）的审理以及议决：

（一）委员、其配偶或者其前任配偶为该案件的当事人、或者在该案件中处于共同权利人或者义务人的关系中；

（二）委员与该案件的当事人存在或者曾经存在亲属关系；

（三）委员在该案件中提供了证言或者承担了鉴定工作；

（四）委员作为代理人参与或者曾经参与了该案件；

（五）委员曾参与了作为该案件对象的处分或者不作为。

难以期待委员可以公正地参与审理以及议决的，当事人可以申请其忌避。此时，裁决机关（国务总理行政审判委员会的，为委员长）忌避的申请可以不经委员会的议决作出决定。

委员有属于第1款以及第2款规定的事由的，可以自行回避该事件的审理以及议决。

第1款至第3款的规定准用于并非担任委员但是参与案件的审理以及议决事务的职员。

第七条之二（罚则适用中的公务员拟制）

委员会的委员中有不属于公务员的，在适用刑法以及其他法律规定的罚则时，视其为公务员。

第八条（裁决机关的权限继承）

裁决机关收到审判请求后，如因法令的修改废止或者第13条第5款规定的被请求人的更正决定，而丧失对该审判请求的裁决权限的，该裁决机关应当将审判请求书、相关文件以及其他资料转送有裁决权限的行政机关。

有第1款所规定的情形的，接到转送资料的行政机关应当毫不迟延地将该事实通知审判请求人（以下称为"请求人"）、审判被请求人（以下称为"被请求人"）以及参加人。

第三章　当事人与关系人

第九条（请求人适格）

当事人对于处分的撤销以及变更有法律上利益的，可以提出撤销的审判请求。处分的效果因为期间的经过、处分的执行以及其他事由消灭的，因该处分的撤销仍有可以恢复的法律上利益的当事人，亦同样可提出请求。

当事人对于请求确认处分有无效力或者存在与否有法律上利益的，可以提出确认无效等的审判请求。

当事人对于行政机关的拒绝决定或者不作为请求作出一定处分有法律上利益的，可以提出义务履行的审判请求。

第十条（非法人的社团或者财团）

非法人的社团或者财团中规定有代表人或者管理人的，可以以该代表人或者管理人的名义提出审判请求。

第十一条（选定代表人）

人数众多的请求人共同提出审判请求的，可在请求人中选定 3 人以下的代表人。

请求人未根据第 1 款的规定选定代表人，而委员会认为必要的，可以劝告请求人选定代表人。

选定代表人可以各自为其他请求人作出与该案件有关的所有行为。但是，审判请求的撤回，必须取得其他请求人的同意。此时，选定代表人必须以书面证明其取得同意的事实。

选定代表人被选定后，其他请求人仅能通过该选定代表人作出与该案件有关行为。

已选定代表人的请求人可以在认为必要时，解任或者变更选定代表人。此时，请求人应当毫不迟延地将该事实通知委员会。

第十二条（请求人的地位继承）

请求人死亡的，继承人以及根据其他法令继承与作出该审判请求对象的处分有关的权利或者利益的当事人，继承该请求人的地位。

作为法人以及第 10 条规定的社团或者财团（以下称为"法人等"）的请求人发生合并的，合并之后存续的法人等或者因合并而设立的法人等继承该请求人的地位。

有第 1 款或者第 2 款情形的，继承请求人地位的当事人应当以书面的形式向委员会报告该事由，此时，该报告书中应当附有证明因死亡等而继承权利利益、或者合并的事实的文书。

有第 1 款或者第 2 款情形的，至当事人根据第 3 款的规定提出报告之前，对死亡人或者合并前的法人等所作出的通知以及其他行为，到达继承请求人地位的当事人之后，有着作为对此些当事人发出通知以及作出其他行为的效力。

受让与作为审判请求对象的处分有关的权利或者利益的当事人，经委员会的许可，可以继承请求人的地位。

第十三条（被请求人的适格以及更正）

审判请求的提出应当以行政机关为请求人。但是，与该处分或者不作为有关的权限已由其他行政机关继承的，应当以继承该权限的行政机关为被请求人。

请求人错误地指定了被请求人的，委员会可以依据当事人的申请或者依据职权决定变更被请求人。

根据第 2 款的规定决定变更被请求人的，委员会应当将该决定正本送达当事人以及新的被请求人。

委员会作出第 2 款规定的决定的，视作当事人撤回对旧的被请求人的审判请求，而重新对新的被请求人提起审判请求。

审判请求提起之后发生第 1 款但书所规定的事由的，委员会可以依据当事人的请求或者依据职权决定变更被请求人。此时，准用第 3 款以及第 4 款的规定。

第十四条（代理人的选任）

请求人在法定代理人之外，可以选任符合以下各项规定的条件的人士为代理人：

（一）请求人的配偶、直系尊亲属、卑亲属或者兄弟姐妹；

（二）作为请求人的法人的管理人员或者职员；

（三）律师；

（四）其他法律规定的可以代理审判请求的人士；

（五）不符合第 1 项至第 4 项的规定，但是得到委员会许可的人士。

被请求人可以选任所属的职员或者符合第 1 款第 3 项至第 5 项规定的人士为代理人。

有第 1 款或者第 2 款规定的情形的，准用第 11 条第 3 款以及第 5 款的规定。

第十五条（代表人等的资格）

代表人、管理人、选定代表人或者代理人的资格应当以书面予以证明。

代表人、管理人、选定代表人或者代理人丧失资格的，请求人应当以书面向委员会报告该事实。

第十六条（审判参加）

与审判结果有利害关系的第三人或者行政机关，经委员会许可可以参加该案件的审理。

委员会认为有必要的，可以要求与审判结果有利害关系的第三人或者行政机关参加该案件的审理。

第三人或者行政机关接到根据第 2 款的规定所发出的要求的，应当毫不迟延地通知委员会是否参加该案件的审理。

第四章　审判请求

第十七条（审判请求书的提出等）

审判请求书应当向作为裁决机关或者被请求人的行政机关提出。

行政机关未依照第 42 条的规定进行教示、或者错误地进行教示，请求人已经向其他的行政机关提出审判请求书的，该行政机关应当毫不迟延地将该审判请求书送交有正当权限的行政机关。

行政机关根据第 1 款或者第 2 款的规定收到审判请求书，认为该审判请求有理由的，必须依照审判请求的主旨作出处分或者予以确认，并毫不迟延地将其通知裁决机关以及请求人。

行政机关应当在收到审判请求书之日起 10 日内将其送交裁决机关，但行政机关依照第 3 款的规定按照审判请求的主旨作出处分或者予以确认并将其通知裁决机关以及请求人、或者请求人依据第 30 条第 1 款的规定撤回审判请求的除外。

送交审判请求书的，即便审判请求书中未写明裁决机关或者书写错误，亦应当将其送交有正当权限的裁决机关。

根据第 2 款或者第 5 款的规定送交审判请求书的，行政机关应当毫不迟延地将该事实通知请求人。

根据第 18 条的规定计算审判请求期间时，当事人向第 1 款规定的裁决机关或者行政机关或者第二款规定的行政机关提出审判请求书的，视作提起审判请求。

第十八条（审判请求期间）

审判请求应当自知道行政机关作出处分之日起 90 天内提出。

请求人因天灾、地变、战争、事变以及其他不可抗力未能在第 1 款规定的期间内提出审判请求的，可以自该事由消灭之日起 14 日内提起审判请求。但是，自外国提出审判请求的，其期间应为 30 日。

自处分作出之日起经过 180 天的，不得提出审判请求。但是，有正当理由的除外。

第 1 款以及第 2 款规定的期间为不变期间。

行政机关错误地教示了比第 1 款规定的期间更为长的审判请求期间的，当事人在该错误教示的期间内提出审判请求的，视作该审判请求在第 1 款规定的期间内提出。

行政机关未教示审判请求期间的，请求人可以在第 3 款规定的期间内提出审判请求。

第 1 款至第 6 款的规定准用于无效等的确认审判请求以及对不作为的义务履行审

判请求。

第十九条（审判请求的方式）

审判请求应当以书面的形式提出。

对处分的审判请求必须记载以下各项规定的事项：

（一）请求人的姓名以及住所；

（二）作为被请求人的行政机关以及裁决机关；

（三）作为审判请求对象的处分的内容；

（四）获知行政机关作出处分的日期；

（五）审判请求的主旨以及理由；

（六）作出处分的行政机关有无教示以及其内容。

对于不作为提起审判请求的，在第 2 款第 1 项、第 2 项以及第 5 项规定的事项之外，还应当记载作为该不作为前提的申请的内容以及日期。

请求人为法人、或者审判请求由选定代表人或者代理人提起的，除第 2 项以及第 3 项规定的事项之外，还应当记载该代表人、管理人、选定代表人或者代理人的姓名以及住所。

第 1 款规定的文书上应当由请求人、代表人、管理人、选定代表人或者代理人签名盖章。

第二十条（请求的变更）

请求人在不变更请求基础的范围之内，可以变更请求的主旨或者理由。

被请求人在请求人提出审判请求之后变更作为该对象的处分的，请求人可以根据该变更的处分变更请求的主旨或者理由。

请求的变更应当以书面的形式提出。

第 3 款规定的文书的副本应当送达其他当事人。

委员会认为请求的变更无理由的，可以依申请或者依职权决定不许可该变更。

第二十一条（执行停止）

审判请求不影响处分的效力、执行或者程序的继续进行。

裁决机关认为为了避免由于处分或者其执行、程序的继续进行而产生难以回复的损害且有紧急的必要，可以根据当事人的申请或者依职权，经过委员会的审理以及议决，决定全部或者部分地停止处分的效力、其执行或者程序的继续进行（以下称之为"执行停止"）。但是，停止处分的执行或者程序的继续进行可以达到目的的，不能停止处分的效力。

执行停止有可能对公共利益产生重大影响的，不得为之。

裁决机关决定执行停止后，执行停止对公共利益产生重大影响或者停止事由消失的，依当事人的申请或者依职权，经过委员会的审理以及议决，裁决机关可以撤销执行停止的决定。

当事人欲申请执行停止的，应当在审判请求的同时或者在裁决机关就审判请求作出议决之前提出。欲申请撤销执行停止的，应当在执行停止决定作出之后裁决机关就审判请求作出议决之前提出。并均应当在记载有申请的主旨以及原因的文书上，添付审判请求书复印件以及接受证明书，并向委员会提出。但是，审判请求已经在委员会审判之中的，不必添付审判请求书复印件以及接受证明书。

虽然有第2款以及第4款的规定，但是委员会的委员长认为若等待委员会审理并作出议决将有可能发生难以恢复的损害的，可以依据职权不经审理以及议决而作出决定。此时，委员长应当向委员会报告该事实，并取得追认。不能取得委员会追认的，裁决机关应当撤销执行停止的决定或者执行停止的撤销决定。

委员会就执行停止或撤销执行停止进行审理并作出议决之后，应当毫不迟延地将该内容通知裁决机关。此时，委员会认为必要的，可以告知当事人。

裁决机关接到委员会关于执行停止或者撤销执行停止的审理以及议决结果的通知的，应当毫不迟延地作出执行停止或者撤销执行停止的决定，并将该决定书送达当事人。

第五章 审 理

第二十二条（向委员会移交等）

行政机关依据第17条第4款的规定送交审判请求书或者依据第24条第1款的规定提交答辩书的，裁决机关应当毫不迟延地将该案件移交委员会。

第三人提出审判请求的，裁决机关应当将其通知行政处分的相对人。

第二十三条（补正）

委员会认为审判请求不合法但是可以补正的，应当规定相当的期间，要求当事人补正。但是，补正事项轻微的，委员会可以依职权补正。

第1款规定的补正必须以书面的形式作出。此时，该补正书应当按照当事人的人数添付副本。

委员会应当毫不迟延地将依照第2款规定提出的补正书副本送达其他当事人。

当事人作出第1款规定的补正的，视作自始提出合法的审判请求。

第1款规定的补正期间不算入第34条规定的裁决期间之内。

第二十四条（答辩书的提出）

裁决机关收到请求人依照第17条第1款的规定提交的审判请求书的，应当毫不迟延地将其副本送交被请求人，被请求人应当自收到副本之日起10日内向裁决机关提交答辩书。

被请求人按照第17条第4款的规定将审判请求书送交裁决机关时，应当附上答辩书。

第1款以及第2款规定的答辩书中应当写明处分或者不作为的根据以及理由，并针对审判请求的主旨以及理由作出答辩。

答辩书应当根据其他当事人的人数添付副本。

被请求人提交答辩书的，委员会应当将其副本送达其他当事人。

第二十五条（主张的补充）

当事人认为有必要补充审判请求书、补正书、答辩书或者参加申请书中主张的事实、再次反驳其他当事人的主张的，可以提交补充文书。

第1款中，委员会规定了补充文书的提出期间的，当事人应当在该期间内提交。

第二十六条（审理的方式）

委员会认为有必要的，可以就当事人未主张的事实进行审理。

行政审判的审理采取口头审理或者书面审理的方式。但是，当事人申请口头审理的，应当进行口头审理，委员会认为只能以书面审理的除外。

委员进行口头审理的，应当规定期日，传唤当事人以及相关当事人。

第二十六条之二（发言内容等的非公开）

委员会中委员的发言等公开后有可能损害委员审理、议决的公正性，且属于总统令规定的事项的，不予公开。

第二十七条（证据文件等的提交）

当事人可以在审判请求书、补正书、答辩书或者参加申请书中提出证明其主张的证据资料或者证据物。

第1款规定的证据资料中必须附有与其他当事人的人数相对应的副本。

委员会应当毫不迟延地将当事人提交的证据资料的副本送达其他的当事人。

第二十八条（证据调查）

委员会认为有必要对案件进行调查的，可以依当事人的申请或者依职权，按照以下各项规定的方法进行证据调查：

（一）询问当事人本人或者作证人；

（二）要求当事人或者相关当事人提交持有的文件、账簿、物件以及其他的证据资料，并予以扣留；

（三）命令有特别学识以及经验的第三人进行鉴定；

（四）查证必要的物件、人、场所以及其他事物的性质与状况。

委员会认为必要的，可以委托裁决机关的职员（国务总理行政审判委员会的情况下为属于法制处的职员）或者其他的行政机关，实施第1款规定的证据调查。

委员会认为必要的，可以要求相关的行政机关提交必要的文件或者陈述意见。

第1款规定的当事人以及第3款规定的相关行政机关的负责人应当诚实地应对委

员会的调查或者要求，并予以协助。

由国务总理行政审判委员会审理或者议决的审判请求，裁决机关可以提出意见书或者陈述意见。

第二十九条（程序的合并或者分离）

委员会认为必要的，可以将相关的审判请求合并审理，或者将合并的相关请求分离审理。

第三十条（请求等的撤回）

请求人在裁决机关就审判请求作出裁决之前，可以以书面的形式撤回审判请求。

参加人在裁决机关就审判请求作出裁决之前，可以以书面的形式撤回请求参加的申请。

第六章 裁 决

第三十一条（裁决的程序）

委员会终结审理之后，应当对该审判请求，就议决裁决内容作出议决，并将该议决内容通告裁决机关。

裁决机关应当毫不迟延地依照第 1 款规定的委员会的议决内容，作出裁决。

第三十二条（裁决的区分）

审判请求不合法的，由裁决机关驳回该审判请求。

裁决机关认为审判请求没有理由的，驳回该审判请求。

裁决机关认为请求撤销的审判请求有理由的，撤销或者变更该处分，或者命令原行政机关予以撤销或者变更。

裁决机关认为无效等的确认审判请求有理由的，对处分效力的有无或者存在与否作出确认。

裁决机关认为履行义务审判请求有理由的，应毫不迟延地依照申请作出处分或者命令有关行政机关作出处分。

第三十三条（事情裁决）

裁决机关认为审判请求有理由，但是予以认可则显然不符合公共利益的，可以依照委员会的议决，裁决驳回该审判请求。此时，裁决机关必须在该裁决的正文中，明确指出该处分或者不作为违法或者不当。

裁决机关根据第 1 款的规定作出裁决的，可以对请求人采取相当的救济方法，或者命令被请求人采取相当的救济方法。

第 1 款以及第 2 款的规定不适用于无效等的确认审判。

第三十四条（裁决期间）

根据第 17 条的规定，裁决应当在裁决机关或者作为被请求人的行政机关收到审判请求书之日起 60 日内作出。但是，有不得已的情形的，委员长可以依职权最多延长 30 日。

根据第 1 款但书的规定，延长裁决期间的，委员会应当在裁决期间届满 7 日之前，通知当事人以及裁决机关。

第三十五条（裁决的方式）

裁决以书面为之。

根据第 1 款规定作出的裁决书中应当记载以下各项所列举的事项，并且，明确写明裁决机关依照委员会的议决内容作出裁决的事实之后，应当签名盖章。

（一）案件编号以及案件名；

（二）当事人、代表人或者代理人的姓名以及住所；

（三）正文；

（四）请求的主旨；

（五）理由；

（六）裁决的日期。

裁决书所记载的理由中应当表明裁决机关的判断，以足以认定主文内容正当。

第三十六条（裁决的范围）

裁决机关不得对作为审判请求对象的处分或者不作为之外的事项进行裁决。

裁决机关不得作出与作为审判请求对象的处分相比，对请求人更为不利的裁决。

第三十七条（裁决的羁束力）

裁决羁束作为被请求人的行政机关以及其他相关行政机关。

裁决机关作出裁决，命令行政机关履行因拒绝当事人的申请或者不作为而放置的处分的，行政机关应当毫不迟延地依照该裁决的主旨再次针对过去的申请作出处分。此时，该行政机关不作出处分的，裁决机关可以依照当事人的申请规定期间，以书面的形式命令其更正，在该期限内仍未履行的，裁决机关可以自行作出处分。

依申请的处分因为程序的违法或者不当而被裁决撤销的，准用第 2 款前段的规定。

裁决机关根据第 2 款后段的规定直接作出处分的，应当通知该行政机关。该行政机关接到通知的，应当将裁决机关所作的处分视作其作出的处分，并依照相关法令，采取管理、监督等的必要措施。

根据法令的规定而公告的处分被裁决撤销或者变更的，作出处分的行政机关应当毫不迟延地公告该处分被撤销或者被变更的事实。

根据法令的规定而将处分告知处分相对人之外的利害关系人的，该处分被裁决撤销或者变更后，作出处分的行政机关应当毫不迟延地将该处分被撤销或者被变更的事实告知该利害关系人。

第三十八条 （裁决的送达以及发生效力）

裁决机关应当毫不迟延地将裁决书正本送达当事人。

裁决自依照第 1 款的规定送达请求人时发生效力。

裁决机关应当毫不迟延地将裁决书的副本送达参加人。

裁决机关依照第 37 条第 3 款的规定作出撤销裁决的，应当毫不迟延地将该裁决书的副本送达处分的相对人。

第三十九条 （再审判请求之禁止）

就审判请求作出裁决的，不得对该裁决以及同一处分或者不作为再次提起审判请求。

第七章 补 则

第四十条 （证据文书等的返还）

裁决作出后，当事人提出申请的，裁决机关应当毫不迟延地将当事人根据第 27 条以及第 28 条第 1 款第 2 项的规定提交的文件、账簿、物件以及其他证据资料的原本返还提交人。

第四十一条 （文书的送达）

根据本法规定做成的文书的送达方法准用民事诉讼法中关于送达的规定。

第四十二条 （教示）

行政机关以书面形式作出处分的，应当教示相对人可否就该处分提起行政审判、可以提起时的审判请求程序以及请求期间。

利害关系人请求行政机关教示该处分是否可以成为行政审判的对象以及可以成为行政审判对象时的裁决机关和请求期间的，行政机关应当毫不迟延地予以教示。此时，利害关系人请求书面教示的，行政机关应当以书面的形式作出教示。

第四十二条之二 （不合理法令等的改善）

国务总理行政审判委员会审理以及议决审判请求时，认为作为处分或者不作为根据的命令等（指总统令、总理令、部令、训令、成例、告示、条例、规则等，以下相同。）没有法令上的根据、违背上位法令或者对国民增加了过度的负担等，存在显著不合理的，可以要求有关行政机关对该命令等采取改正、废止等适当的纠正措施。

接受第 1 款所规定的要求的相关行政机关，无正当事由的，应当服从该要求。

第四十三条 （与其他法律的关系）

对于行政审判，不得以其他法律规定不利于请求人的内容作为本法的特例，但有必要强调案件的专门性以及特殊性的除外。

以其他法律规定行政审判特例的，对于本法未规定之事项，亦应遵从本法之规定。

第四十四条（权限的委任）

本法规定的委员会权限中的轻微事项，可以根据国会规则、大法院规则、宪法法院规则、中央选举管理委员会规则或者总统令之规定，委任委员长予以行使。

附　则

本法自公布之后经过 3 个月之日起施行。

日本行政不服審査法

（昭和 37・9・15・法律 160 号）

第 1 章　総　則

　　第 1 条（この法律の趣旨）この法律は、行政庁の違法又は不当な処分その他公権力の行使に当たる行為に関し、国民に対して広く行政庁に対する不服申立てのみちを開くことによつて、簡易迅速な手続による国民の権利利益の救済を図るとともに、行政の適正な運営を確保することを目的とする。

　　2　行政庁の処分その他公権力の行使に当たる行為に関する不服申立てについては、他の法律に特別の定めがある場合を除くほか、この法律の定めるところによる。

　　第 2 条（定義）この法律にいう「処分」には、各本条に特別の定めがある場合を除くほか、公権力の行使に当たる事実上の行為で、人の収容、物の留置その他その内容が継続的性質を有するもの（以下「事実行為」という。）が含まれるものとする。

　　2　この法律において「不作為」とは、行政庁が法令に基づく申請に対し、相当の期間内になんらかの処分その他公権力の行使に当たる行為をすべきにかかわらず、これをしないことをいう。

　　第 3 条（不服申立ての種類）この法律による不服申立ては、行政庁の処分又は不作為について行なうものにあつては審査請求又は異議申立てとし、審査請求の裁決を経た後さらに行なうものにあつては再審査請求とする。

　　2　審査請求は、処分をした行政庁（以下「処分庁」という。）又は不作為に係る行政庁（以下「不作為庁」という。）以外の行政庁に対してするものとし、異議申立ては、処分庁又は不作為庁に対してするものとする。

第4条（処分についての不服申立てに関する一般概括主義）行政庁の処分（この法律に基づく処分を除く。）に不服がある者は、次条及び第6条の定めるところにより、審査請求又は異議申立てをすることができる。ただし、次の各号に掲げる処分及び他の法律に審査請求又は異議申立てをすることができない旨の定めがある処分については、この限りでない。

一　国会の両院若しくは一院又は議会の議決によつて行われる処分

二　裁判所若しくは裁判官の裁判により又は裁判の執行として行われる処分

三　国会の両院若しくは一院若しくは議会の議決を経て、又はこれらの同意若しくは承認を得た上で行われるべきものとされている処分

四　検査官会議で決すべきものとされている処分

五　当事者間の法律関係を確認し、又は形成する処分で、法令の規定により当該処分に関する訴えにおいてその法律関係の当事者の一方を被告とすべきものと定められているもの

六　刑事事件に関する法令に基づき、検察官、検察事務官又は司法警察職員が行う処分

七　国税又は地方税の犯則事件に関する法令（他の法令において準用する場合を含む。）に基づき、国税庁長官、国税局長、税務署長、収税官吏、税関長、税関職員又は徴税吏員（他の法令の規定に基づき、これらの職員の職務を行う者を含む。）が行なう処分

八　学校、講習所、訓練所又は研修所において、教育、講習、訓練又は研修の目的を達成するために、学生、生徒、児童若しくは幼児若しくはこれらの保護者、講習生、訓練生又は研修生に対して行われる処分

九　刑務所、少年刑務所、拘置所、留置施設、海上保安留置施設、少年院、少年鑑別所又は婦人補導院において、収容の目的を達成するために、これらの施設に収容されている者に対して行われる処分

十　外国人の出入国又は帰化に関する処分

十一　専ら人の学識技能に関する試験又は検定の結果についての処分

《改正》平18法058

2　前項ただし書の規定は、同項ただし書の規定により審査請求又は異議申立てをすることができない処分につき、別に法令で当該処分の性質に応じた不服申立ての制度を設けることを妨げない。

第5条（処分についての審査請求）行政庁の処分についての審査請求は、次の場合にすることができる。

一　処分庁に上級行政庁があるとき。ただし、処分庁が主任の大臣又は宮内

庁長官若しくは外局若しくはこれに置かれる庁の長であるときを除く。

　二　前号に該当しない場合であつて、法律（条例に基づく処分については、条例を含む。）に審査請求をすることができる旨の定めがあるとき。

　《改正》平 11 法 160

　2　前項の審査請求は、同項第 1 号の場合にあつては、法律（条例に基づく処分については、条例を含む。）に特別の定めがある場合を除くほか、処分庁の直近上級行政庁に、同項第 2 号の場合にあつては、当該法律又は条例に定める行政庁に対してするものとする。

　第 6 条（処分についての異議申立て）行政庁の処分についての異議申立ては、次の場合にすることができる。ただし、第 1 号又は第 2 号の場合において、当該処分について審査請求をすることができるときは、法律に特別の定めがある場合を除くほか、することができない。

　一　処分庁に上級行政庁がないとき。

　二　処分庁が主任の大臣又は宮内庁長官若しくは外局若しくはこれに置かれる庁の長であるとき。

　三　前 2 号に該当しない場合であつて、法律に異議申立てをすることができる旨の定めがあるとき。

　《改正》平 11 法 160

　第 7 条（不作為についての不服申立て）行政庁の不作為については、当該不作為に係る処分その他の行為を申請した者は、異議申立て又は当該不作為庁の直近上級行政庁に対する審査請求のいずれかをすることができる。ただし、不作為庁が主任の大臣又は宮内庁長官若しくは外局若しくはこれに置かれる庁の長であるときは、異議申立てのみをすることができる。

　《改正》平 11 法 160

　第 8 条（再審査請求）次の場合には、処分についての審査請求の裁決に不服がある者は、再審査請求をすることができる。

　一　法律（条例に基づく処分については、条例を含む。）に再審査請求をすることができる旨の定めがあるとき。

　二　審査請求をすることができる処分につき、その処分をする権限を有する行政庁（以下「原権限庁」という。）がその権限を他に委任した場合において、委任を受けた行政庁がその委任に基づいてした処分に係る審査請求につき、原権限庁が審査庁として裁決をしたとき。

　2　再審査請求は、前項第 1 号の場合にあつては、当該法律又は条例に定める行政庁に、同項第 2 号の場合にあつては、当該原権限庁が自ら当該処分をしたものとした場合におけるその処分に係る審査請求についての審査庁に対してするものとする。

　3　再審査請求をすることができる処分につき、その原権限庁がその権限を他に委任した場合において、委任を受けた行政庁がその委任に基づいてした処分に係る再審査請求につき、原権限庁が自ら当該処分をしたものとした場合におけるその処分に係る審査請求についての審査庁が再審査庁としてした裁決に不服がある者は、さらに再審査請求をすることができる。この場合においては、当該原権限庁が自ら当該処分をしたものとした場合におけるその処分に係る再審査請求についての再審査庁に対して、その請求をするものとする。

第2章　手　続

第1節　通　則

　第9条（不服申立ての方式）この法律に基づく不服申立ては、他の法律（条例に基づく処分については、条例を含む。）に口頭ですることができる旨の定めがある場合を除き、書面を提出してしなければならない。

　2　不服申立書は、異議申立ての場合を除き、正副2通を提出しなければならない。

　3　前項の規定にかかわらず、行政手続等における情報通信の技術の利用に関する法律（平成14年法律第151号。第22条第3項において「情報通信技術利用法」という。）第3条第1項の規定により同項に規定する電子情報処理組織を使用して不服申立て（異議申立てを除く。次項において同じ。）がされた場合には、不服申立書の正副2通が提出されたものとみなす。

　《追加》平14法152

　4　前項に規定する場合において、当該不服申立てに係る電磁的記録（電子的方式、磁気的方式その他人の知覚によつては認識することができない方式で作られる記録であつて、電子計算機による情報処理の用に供されるものをいう。第22条第4項において同じ。）については、不服申立書の正本又は副本とみなして、第17条第2項（第56条において準用する場合を含む。）、第18条第1項、第2項及び第4項、第22条第1項（第52条第2項において準用する場合を含む。）並びに第58条第3項及び第4項の規定を適用する。

　《追加》平14法152

　第10条（法人でない社団又は財団の不服申立て）法人でない社団又は財団で代表者又は管理人の定めがあるものは、その名で不服申立てをすることができる。

　第11条（総代）多数人が共同して不服申立てをしようとするときは、3人をこえない総代を互選することができる。

　2　共同不服申立人が総代を互選しない場合において、必要があると認めるときは、審査庁（異議申立てにあつては処分庁又は不作為庁、再審査請求にあつては再審査庁）は、総代の互選を命ずることができる。

　3　総代は、各自、他の共同不服申立人のために、不服申立ての取下げを除き、当該不服申立てに関する一切の行為をすることができる。

　4　総代が選任されたときは、共同不服申立人は、総代を通じてのみ、前項の行為をすることができる。

　5　共同不服申立人に対する行政庁の通知その他の行為は、2人以上の総代が選任されている場合においても、1人の総代に対してすれば足りる。

　6　共同不服申立人は、必要があると認めるときは、総代を解任することができる。

　第12条（代理人による不服申立て）不服申立ては、代理人によつてすることができる。

　2　代理人は、各自、不服申立人のために、当該不服申立てに関する一切の行為をすることができる。ただし、不服申立ての取下げは、特別の委任を受けた場合に限り、することができる。

　第13条（代表者の資格の証明等）代表者若しくは管理人、総代又は代理人の資格は、書面で証明しなければならない。前条第2項ただし書に規定する特別の委任についても、同様とする。

　2　代表者若しくは管理人、総代又は代理人がその資格を失つたときは、不服申立人は、書面でその旨を審査庁（異議申立てにあつては処分庁又は不作為庁、再審査請求にあつては再審査庁）に届け出なければならない。

第2節　処分についての審査請求

　第14条（審査請求期間）審査請求は、処分があつたことを知つた日の翌日から起算して60日以内（当該処分について異議申立てをしたときは、当該異議申立てについての決定があつたことを知つた日の翌日から起算して30日以内）に、しなければならない。ただし、天災その他審査請求をしなかつたことについてやむをえない理由があるときは、この限りでない。

　2　前項ただし書の場合における審査請求は、その理由がやんだ日の翌日から起算して1週間以内にしなければならない。

　3　審査請求は、処分（当該処分について異議申立てをしたときは、当該異議申立てについての決定）があつた日の翌日から起算して1年を経過したときは、することができない。ただし、正当な理由があるときは、この限りでない。

　　4　審査請求書を郵便又は民間事業者による信書の送達に関する法律（平成14年法律第99号）第2条第6項に規定する一般信書便事業者若しくは同条第9項に規定する特定信書便事業者による同条第2項に規定する信書便で提出した場合における審査請求期間の計算については、送付に要した日数は、算入しない。

《改正》平14法100

　　第15条（審査請求書の記載事項）審査請求書には、次の各号に掲げる事項を記載しなければならない。

　　一　審査請求人の氏名及び年齢又は名称並びに住所

　　二　審査請求に係る処分

　　三　審査請求に係る処分があつたことを知つた年月日

　　四　審査請求の趣旨及び理由

　　五　処分庁の教示の有無及びその内容

　　六　審査請求の年月日

　　2　審査請求人が、法人その他の社団若しくは財団であるとき、総代を互選したとき、又は代理人によつて審査請求をするときは、審査請求書には、前項各号に掲げる事項のほか、その代表者若しくは管理人、総代又は代理人の氏名及び住所を記載しなければならない。

　　3　審査請求書には、前2項に規定する事項のほか、第20条第2号の規定により異議申立てについての決定を経ないで審査請求をする場合には、異議申立てをした年月日を、同条第3号の規定により異議申立てについての決定を経ないで審査請求をする場合には、その決定を経ないことについての正当な理由を記載しなければならない。

　　4　審査請求書には、審査請求人（審査請求人が法人その他の社団又は財団であるときは代表者又は管理人、総代を互選したときは総代、代理人によつて審査請求をするときは代理人）が押印しなければならない。

　　第16条（口頭による審査請求）口頭で審査請求をする場合には、前条第1項から第3項までに規定する事項を陳述しなければならない。この場合においては、陳述を受けた行政庁は、その陳述の内容を録取し、これを陳述人に読み聞かせて誤りのないことを確認し、陳述人に押印させなければならない。

　　第17条（処分庁経由による審査請求）審査請求は、処分庁を経由してすることもできる。この場合には、処分庁に審査請求書を提出し、又は処分庁に対し第15条第1項から第3項までに規定する事項を陳述するものとする。

　　2　前項の場合には、処分庁は、直ちに、審査請求書の正本又は審査請求録取書（前条後段の規定により陳述の内容を録取した書面をいう。以下同じ。）を審査庁に送付しなければならない。

3　第1項の場合における審査請求期間の計算については、処分庁に審査請求書を提出し、又は処分庁に対し当該事項を陳述した時に、審査請求があつたものとみなす。

第18条（誤つた教示をした場合の救済）審査請求をすることができる処分（異議申立てをすることもできる処分を除く。）につき、処分庁が誤つて審査庁でない行政庁を審査庁として教示した場合において、その教示された行政庁に書面で審査請求がされたときは、当該行政庁は、すみやかに、審査請求書の正本及び副本を処分庁又は審査庁に送付し、かつ、その旨を審査請求人に通知しなければならない。

2　前項の規定により処分庁に審査請求書の正本及び副本が送付されたときは、処分庁は、すみやかに、その正本を審査庁に送付し、かつ、その旨を審査請求人に通知しなければならない。

3　第1項の処分につき、処分庁が誤つて異議申立てをすることができる旨を教示した場合において、当該処分庁に異議申立てがされたときは、処分庁は、すみやかに、異議申立書又は異議申立録取書（第48条において準用する第16条後段の規定により陳述の内容を録取した書面をいう。以下同じ。）を審査庁に送付し、かつ、その旨を異議申立人に通知しなければならない。

4　前3項の規定により審査請求書の正本又は異議申立書若しくは異議申立録取書が審査庁に送付されたときは、はじめから審査庁に審査請求がされたものとみなす。

第19条　処分庁が誤つて法定の期間よりも長い期間を審査請求期間として教示した場合において、その教示された期間内に審査請求がされたときは、当該審査請求は、法定の審査請求期間内にされたものとみなす。

第20条（異議申立ての前置）審査請求は、当該処分につき異議申立てをすることができるときは、異議申立てについての決定を経た後でなければ、することができない。ただし、次の各号の一に該当するときは、この限りでない。

一　処分庁が、当該処分につき異議申立てをすることができる旨を教示しなかつたとき。

二　当該処分につき異議申立てをした日の翌日から起算して3箇月を経過しても、処分庁が当該異議申立てにつき決定をしないとき。

三　その他異議申立てについての決定を経ないことにつき正当な理由があるとき。

第21条（補正）審査請求が不適法であつて補正することができるものである

ときは、審査庁は、相当の期間を定めて、その補正を命じなければならない。

　　第22条（弁明書の提出）審査庁は、審査請求を受理したときは、審査請求書の副本又は審査請求録取書の写しを処分庁に送付し、相当の期間を定めて、弁明書の提出を求めることができる。

　　2　弁明書は、正副2通を提出しなければならない。

　　3　前項の規定にかかわらず、情報通信技術利用法第3条第1項の規定により同項に規定する電子情報処理組織を使用して弁明がされた場合には、弁明書の正副2通が提出されたものとみなす。

　　《追加》平14法152

　　4　前項に規定する場合において、当該弁明に係る電磁的記録については、弁明書の正本又は副本とみなして、次項及び第23条の規定を適用する。

　　《追加》平14法152

　　5　処分庁から弁明書の提出があつたときは、審査庁は、その副本を審査請求人に送付しなければならない。ただし、審査請求の全部を容認すべきときは、この限りでない。

　　第23条（反論書の提出）審査請求人は、弁明書の副本の送付を受けたときは、これに対する反論書を提出することができる。この場合において、審査庁が、反論書を提出すべき相当の期間を定めたときは、その期間内にこれを提出しなければならない。

　　第24条（参加人）利害関係人は、審査庁の許可を得て、参加人として当該審査請求に参加することができる。

　　2　審査庁は、必要があると認めるときは、利害関係人に対し、参加人として当該審査請求に参加することを求めることができる。

　　第25条（審理の方式）審査請求の審理は、書面による。ただし、審査請求人又は参加人の申立てがあつたときは、審査庁は、申立人に口頭で意見を述べる機会を与えなければならない。

　　2　前項ただし書の場合には、審査請求人又は参加人は、審査庁の許可を得て、補佐人とともに出頭することができる。

　　第26条（証拠書類等の提出）審査請求人又は参加人は、証拠書類又は証拠物を提出することができる。ただし、審査庁が、証拠書類又は証拠物を提出すべき相当の期間を定めたときは、その期間内にこれを提出しなければならない。

　　第27条（参考人の陳述及び鑑定の要求）審査庁は、審査請求人若しくは参加人の申立てにより又は職権で、適当と認める者に、参考人としてその知つている事実を陳述させ、又は鑑定を求めることができる。

　第 28 条（物件の提出要求）審査庁は、審査請求人若しくは参加人の申立てにより又は職権で、書類その他の物件の所持人に対し、その物件の提出を求め、かつ、その提出された物件を留め置くことができる。

　第 29 条（検証）審査庁は、審査請求人若しくは参加人の申立てにより又は職権で、必要な場所につき、検証をすることができる。

　2　審査庁は、審査請求人又は参加人の申立てにより前項の検証をしようとするときは、あらかじめ、その日時及び場所を申立人に通知し、これに立ち会う機会を与えなければならない。

　第 30 条（審査請求人又は参加人の審尋）審査庁は、審査請求人若しくは参加人の申立てにより又は職権で、審査請求人又は参加人を審尋することができる。

　第 31 条（職員による審理手続）審査庁は、必要があると認めるときは、その庁の職員に、<u>第 25 条</u>第 1 項ただし書の規定による審査請求人若しくは参加人の意見の陳述を聞かせ、<u>第 27 条</u>の規定による参考人の陳述を聞かせ、<u>第 29 条</u>第 1 項の規定による検証をさせ、又は前条の規定による審査請求人若しくは参加人の審尋をさせることができる。

　第 32 条（他の法令に基づく調査権との関係）前 5 条の規定は、審査庁である行政庁が他の法令に基づいて有する調査権の行使を妨げない。

　第 33 条（処分庁からの物件の提出及び閲覧）処分庁は、当該処分の理由となつた事実を証する書類その他の物件を審査庁に提出することができる。

　2　審査請求人又は参加人は、審査庁に対し、処分庁から提出された書類その他の物件の閲覧を求めることができる。この場合において、審査庁は、第三者の利益を害するおそれがあると認めるとき、その他正当な理由があるときでなければ、その閲覧を拒むことができない。

　3　審査庁は、前項の規定による閲覧について、日時及び場所を指定することができる。

　第 34 条（執行停止）審査請求は、処分の効力、処分の執行又は手続の続行を妨げない。

　2　処分庁の上級行政庁である審査庁は、必要があると認めるときは、審査請求人の申立てにより又は職権で、処分の効力、処分の執行又は手続の続行の全部又は一部の停止その他の措置（以下「執行停止」という。）をすることができる。

　3　処分庁の上級行政庁以外の審査庁は、必要があると認めるときは、審査請求人の申立てにより、処分庁の意見を聴取したうえ、執行停止をすることができる。ただし、処分の効力、処分の執行又は手続の続行の全部又は一部の停止以外の措置をすることはできない。

　　4　前2項の規定による審査請求人の申立てがあつた場合において、処分、処分の執行又は手続の続行により生ずる重大な損害を避けるため緊急の必要があると認めるときは、審査庁は、執行停止をしなければならない。ただし、公共の福祉に重大な影響を及ぼすおそれがあるとき、処分の執行若しくは手続の続行ができなくなるおそれがあるとき、又は本案について理由がないとみえるときは、この限りでない。

　　《改正》平16法084

　　5　審査庁は、前項に規定する重大な損害を生ずるか否かを判断するに当たつては、損害の回復の困難の程度を考慮するものとし、損害の性質及び程度並びに処分の内容及び性質をも勘案するものとする。

　　《追加》平16法084

　　6　第2項から第4項までの場合において、処分の効力の停止は、処分の効力の停止以外の措置によつて目的を達することができるときは、することができない。

　　《改正》平16法084

　　7　執行停止の申立てがあつたときは、審査庁は、すみやかに、執行停止をするかどうかを決定しなければならない。

　　第35条（執行停止の取消し）執行停止をした後において、執行停止が公共の福祉に重大な影響を及ぼし、又は処分の執行若しくは手続の続行を不可能とすることが明らかとなつたとき、その他事情が変更したときは、審査庁は、その執行停止を取り消すことができる。

　　第36条（手続の併合又は分離）審査庁は、必要があると認めるときは、数個の審査請求を併合し、又は併合された数個の審査請求を分離することができる。

　　第37条（手続の承継）審査請求人が死亡したときは、相続人その他法令により審査請求の目的である処分に係る権利を承継した者は、審査請求人の地位を承継する。

　　2　審査請求人について合併又は分割（審査請求の目的である処分に係る権利を承継させるものに限る。）があつたときは、合併後存続する法人その他の社団若しくは財団若しくは合併により設立された法人その他の社団若しくは財団又は分割により当該権利を承継した法人は、審査請求人の地位を承継する。

　　《改正》平12法091

　　3　前2項の場合には、審査請求人の地位を承継した相続人その他の者又は法人その他の社団若しくは財団は、書面でその旨を審査庁に届け出なければならない。この場合には、届出書には、死亡若しくは分割による権利の承継又は合併の事実を証する書面を添付しなければならない。

《改正》平 12 法 091

4　第 1 項又は第 2 項の場合において、前項の規定による届出がされるまでの間において、死亡者又は合併前の法人その他の社団若しくは財団若しくは分割をした法人にあててされた通知その他の行為が審査請求人の地位を承継した相続人その他の者又は合併後の法人その他の社団若しくは財団若しくは分割により審査請求人の地位を承継した法人に到達したときは、これらの者に対する通知その他の行為としての効力を有する。

《改正》平 12 法 091

5　第 1 項の場合において、審査請求人の地位を承継した相続人その他の者が 2 人以上あるときは、その 1 人に対する通知その他の行為は、全員に対してされたものとみなす。

6　審査請求の目的である処分に係る権利を譲り受けた者は、審査庁の許可を得て、審査請求人の地位を承継することができる。

第 38 条（審査庁が裁決をする権限を有しなくなつた場合の措置）審査庁が審査請求を受理した後法令の改廃により当該審査請求につき裁決をする権限を有しなくなつたときは、当該行政庁は、審査請求書又は審査請求録取書及び関係書類その他の物件を新たに当該審査請求につき裁決をする権限を有することになつた行政庁に引き継がなければならない。この場合においては、その引継ぎを受けた行政庁は、すみやかに、その旨を審査請求人及び参加人に通知しなければならない。

第 39 条（審査請求の取下げ）審査請求人は、裁決があるまでは、いつでも審査請求を取り下げることができる。

2　審査請求の取下げは、書面でしなければならない。

第 40 条（裁決）審査請求が法定の期間経過後にされたものであるとき、その他不適法であるときは、審査庁は、裁決で、当該審査請求を却下する。

2　審査請求が理由がないときは、審査庁は、裁決で、当該審査請求を棄却する。

3　処分（事実行為を除く。）についての審査請求が理由があるときは、審査庁は、裁決で、当該処分の全部又は一部を取り消す。

4　事実行為についての審査請求が理由があるときは、審査庁は、処分庁に対し当該事実行為の全部又は一部を撤廃すべきことを命ずるとともに、裁決で、その旨を宣言する。

5　前 2 項の場合において、審査庁が処分庁の上級行政庁であるときは、審査庁は、裁決で当該処分を変更し、又は処分庁に対し当該事実行為を変更すべきことを命ずるとともに裁決でその旨を宣言することもできる。ただし、審査請求人の不利益に当該処分を変更し、又は当該事実行為を変更すべきことを命ずることはできない。

　　6　処分が違法又は不当ではあるが、これを取り消し又は撤廃することにより公の利益に著しい障害を生ずる場合において、審査請求人の受ける損害の程度、その損害の賠償又は防止の程度及び方法その他一切の事情を考慮したうえ、処分を取り消し又は撤廃することが公共の福祉に適合しないと認めるときは、審査庁は、裁決で、当該審査請求を棄却することができる。この場合には、審査庁は、裁決で、当該処分が違法又は不当であることを宣言しなければならない。

　　第41条（裁決の方式）裁決は、書面で行ない、かつ、理由を附し、審査庁がこれに記名押印をしなければならない。

　　2　審査庁は、再審査請求をすることができる裁決をする場合には、裁決書に再審査請求をすることができる旨並びに再審査庁及び再審査請求期間を記載して、これを教示しなければならない。

　　第42条（裁決の効力発生）裁決は、審査請求人（当該審査請求が処分の相手方以外の者のしたものである場合における第40条第3項から第5項までの規定による裁決にあつては、審査請求人及び処分の相手方）に送達することによつて、その効力を生ずる。

　　2　裁決の送達は、送達を受けるべき者に裁決書の謄本を送付することによつて行なう。ただし、送達を受けるべき者の所在が知れないとき、その他裁決書の謄本を送付することができないときは、公示の方法によつてすることができる。

　　3　公示の方法による送達は、審査庁が裁決書の謄本を保管し、いつでもその送達を受けるべき者に交付する旨を当該審査庁の掲示場に掲示し、かつ、その旨を官報その他の公報又は新聞紙に少なくとも1回掲載してするものとする。この場合においては、その掲示を始めた日の翌日から起算して2週間を経過した時に裁決書の謄本の送付があつたものとみなす。

　　4　審査庁は、裁決書の謄本を参加人及び処分庁に送付しなければならない。

　　第43条（裁決の拘束力）裁決は、関係行政庁を拘束する。

　　2　申請に基づいてした処分が手続の違法若しくは不当を理由として裁決で取り消され、又は申請を却下し若しくは棄却した処分が裁決で取り消されたときは、処分庁は、裁決の趣旨に従い、改めて申請に対する処分をしなければならない。

　　3　法令の規定により公示された処分が裁決で取り消され、又は変更されたときは、処分庁は、当該処分が取り消され、又は変更された旨を公示しなければならない。

　4　法令の規定により処分の相手方以外の利害関係人に通知された処分が裁決で取り消され、又は変更されたときは、処分庁は、その通知を受けた者（審査請求人及び参加人を除く。）に、当該処分が取り消され、又は変更された旨を通知しなければならない。

　第44条（証拠書類等の返還）審査庁は、裁決をしたときは、すみやかに、第26条の規定により提出された証拠書類又は証拠物及び第28条の規定による提出要求に応じて提出された書類その他の物件をその提出人に返還しなければならない。

第3節　処分についての異議申立て

　第45条（異議申立期間）異議申立ては、処分があつたことを知つた日の翌日から起算して60日以内にしなければならない。

　第46条（誤つた教示をした場合の救済）異議申立てをすることができる処分につき、処分庁が誤つて審査請求をすることができる旨を教示した場合（審査請求をすることもできる処分につき、処分庁が誤つて審査庁でない行政庁を審査庁として教示した場合を含む。）において、その教示された行政庁に書面で審査請求がなされたときは、当該行政庁は、すみやかに、審査請求書を当該処分庁に送付し、かつ、その旨を審査請求人に通知しなければならない。

　2　前項の規定により審査請求書が処分庁に送付されたときは、はじめから処分庁に異議申立てがされたものとみなす。

　第47条（決定）異議申立てが法定の期間経過後にされたものであるとき、その他不適法であるときは、処分庁は、決定で、当該異議申立てを却下する。

　2　異議申立てが理由がないときは、処分庁は、決定で、当該異議申立てを棄却する。

　3　処分（事実行為を除く。）についての異議申立てが理由があるときは、処分庁は、決定で、当該処分の全部若しくは一部を取り消し、又はこれを変更する。ただし、異議申立人の不利益に当該処分を変更することができず、また、当該処分が法令に基づく審議会その他の合議制の行政機関の答申に基づいてされたものであるときは、さらに当該行政機関に諮問し、その答申に基づかなければ、当該処分の全部若しくは一部を取り消し、又はこれを変更することができない。

　4　事実行為についての異議申立てが理由があるときは、処分庁は、当該事実行為の全部若しくは一部を撤廃し、又はこれを変更するとともに、決定で、その旨を宣言する。ただし、異議申立人の不利益に事実行為を変更することができない。

　5　処分庁は、審査請求もすることもできる処分に係る異議申立てについて決定をする場合には、異議申立人が当該処分につきすでに審査請求をしている場合を除き、決定書に、当該処分につき審査請求をすることができる旨並びに審査庁及び審査請求期間を記載して、これを教示しなければならない。

　　第48条（審査請求に関する規定の準用）前節（第14条第1項本文、第15条第3項、第17条、第18条、第20条、第22条、第23条、第33条、第34条第3項、第40条第1項から第5項まで、第41条第2項及び第43条を除く。）の規定は、処分についての異議申立てに準用する。

第4節　不作為についての不服申立て

　　第49条（不服申立書の記載事項）不作為についての異議申立書又は審査請求書には、次の各号に掲げる事項を記載しなければならない。

　　一　異議申立人又は審査請求人の氏名及び年齢又は名称並びに住所
　　二　当該不作為に係る処分その他の行為についての申請の内容及び年月日
　　三　異議申立て又は審査請求の年月日

　　第50条（不作為庁の決定その他の措置）不作為についての異議申立てが不適法であるときは、不作為庁は、決定で、当該異議申立てを却下する。

　　2　前項の場合を除くほか、不作為庁は、不作為についての異議申立てがあった日の翌日から起算して20日以内に、申請に対するなんらかの行為をするか、又は書面で不作為の理由を示さなければならない。

　　第51条（審査庁の裁決）不作為についての審査請求が不適法であるときは、審査庁は、裁決で、当該審査請求を却下する。

　　2　不作為についての審査請求が理由がないときは、審査庁は、裁決で、当該審査請求を棄却する。

　　3　不作為についての審査請求が理由があるときは、審査庁は、当該不作為庁に対しすみやかに申請に対するなんらかの行為をすべきことを命ずるとともに、裁決で、その旨を宣言する。

　　第52条（処分についての審査請求に関する規定の準用）第15条第2項及び第4項、第21条、第37条から第39条まで、第41条第1項並びに第42条第1項から第3項までの規定は、不作為についての異議申立てに準用する。

　　2　第2節（第14条、第15条第1項及び第3項、第16条から第20条まで、第24条、第34条、第35条、第40条、第41条第2項並びに第43条を除く。）の規定は、不作為についての審査請求に準用する。

第5節　再審査請求

　　第53条（再審査請求期間）再審査請求は、審査請求についての裁決があったことを知った日の翌日から起算して30日以内にしなければならない。

第 54 条（裁決書の送付要求）再審査庁は、再審査請求を受理したときは、審査庁に対し、審査請求についての裁決書の送付を求めることができる。

第 55 条（裁決）審査請求を却下し又は棄却した裁決が違法又は不当である場合においても、当該裁決に係る処分が違法又は不当でないときは、再審査庁は、当該再審査請求を棄却する。

第 56 条（審査請求に関する規定の準用）第 2 節（<u>第 14 条</u>第 1 項本文、<u>第 15 条</u>第 3 項、<u>第 18 条</u>から<u>第 20 条</u>まで、<u>第 22 条</u>及び<u>第 23 条</u>を除く。）の規定は、再審査請求に準用する。

第 3 章　補　則

第 57 条（審査庁等の教示）行政庁は、審査請求若しくは異議申立て又は他の法令に基づく不服申立て（以下この条において単に「不服申立て」という。）をすることができる処分をする場合には、処分の相手方に対し、当該処分につき不服申立てをすることができる旨並びに不服申立てをすべき行政庁及び不服申立てをすることができる期間を書面で教示しなければならない。ただし、当該処分を口頭でする場合は、この限りでない。

《改正》平 14 法 152

《改正》平 16 法 084

2　行政庁は、利害関係人から、当該処分が不服申立てをすることができる処分であるかどうか並びに当該処分が不服申立てをすることができるものである場合における不服申立てをすべき行政庁及び不服申立てをすることができる期間につき教示を求められたときは、当該事項を教示しなければならない。

3　前項の場合において、教示を求めた者が書面による教示を求めたときは、当該教示は、書面でしなければならない。

4　前 3 項の規定は、地方公共団体その他の公共団体に対する処分で、当該公共団体がその固有の資格において処分の相手方となるものについては、適用しない。

第 58 条（教示をしなかつた場合の不服申立て）行政庁が前条の規定による教示をしなかつたときは、当該処分について不服がある者は、当該処分庁に不服申立書を提出することができる。

2　前項の不服申立書については、<u>第 15 条</u>（第 3 項を除く。）の規定を準用する。

3　第 1 項の規定により不服申立書の提出があつた場合において、当該処分が審査請求をすることができる処分であるとき（異議申立てをすることもできる処

分であるときを除く。）は、処分庁は、すみやかに、当該不服申立書の正本を審査
庁に送付しなければならない。当該処分が他の法令に基づき、処分庁以外の行政
庁に不服申立てをすることができる処分であるときも、同様とする。

　　4　前項の規定により不服申立書の正本が送付されたときは、はじめから当該
審査庁又は行政庁に審査請求又は当該法令に基づく不服申立てがされたものとみ
なす。

　　5　第3項の場合を除くほか、第1項の規定により不服申立書が提出されたと
きは、はじめから当該処分庁に異議申立て又は当該法令に基づく不服申立てがさ
れたものとみなす。

附录四　国家赔偿法

日本《国家赔偿法》[1]

（1947 年 10 月 27 日第 125 号法律）

第一条　行使国家或公共团体的公权力的公务员在执行职务过程中，因故意或过失违法地给他人造成损害的，国家或公共团体承担赔偿责任。

前款情形中，公务员有故意或重大过失的，国家或公共团体对该公务员有追偿权。

第二条　因道路、河流及其他公共设施的设置或管理有瑕疵，给他人造成损害的，国家或公共团体承担赔偿责任。

前款情形中，其他人对损害应承担责任的，国家或公共团体对其有追偿权。

第三条　在国家或公共团体根据前两条规定而承担损害赔偿情形中，公务员的选任或监督者、公共设施的设置或管理者，与公务员工资及其他费用的负担者、公共设施的设置或管理费用的负担者不同的，费用负担者也承担该赔偿责任。

前款情形中，在内部关系中，已承担损害赔偿的当事人对损害赔偿责任人有追偿权。

第四条　国家或公共团体的损害赔偿责任，除已经前三条规定外，依据民法规定。

第五条　国家或公共团体的损害赔偿责任，民法以外的其他法律有特别规定的，从其规定。

第六条　外国人为受害人的，只限有相互保证时，才适用本法律。

---

〔1〕　日本《国家赔偿法》的中文译本，另可参见宇贺克也专著《国家补偿法》的"附录"以及吴东镐、徐炳煊合著《日本行政法》的"附录五"。

参考文献

一、比较行政法总论

1. 王名扬：《比较行政法》，北京大学出版社 2006 年版。

2. 张千帆等：《比较行政法——体系、制度与过程》，法律出版社 2008 年版。

3. 关保英：《比较行政法学》，法律出版社 2014 年版。

4. 肖金明：《原则与制度：比较行政法的角度》，山东大学出版社 2004 年版。

5. 姬亚平：《外国行政法》，中国政法大学出版社 2003 年版。

6. 姜明安：《外国行政法教程》，法律出版社 1993 年版。

7. 张正钊、韩大元：《外国行政法》，中国人民大学出版社 1998 年版。

8. 应松年：《四国行政法》，中国政法大学出版社 2005 年版。

9. 胡建淼：《比较行政法：20 国行政法评述》，法律出版社 1998 年版。

10. 应松年：《比较行政程序法》，中国法制出版社 1999 年版。

11. 应松年：《外国行政程序法汇编》，中国法制出版社 2004 年版。

12. 胡建淼：《外国行政法规与案例评述》，中国法制出版社 1997 年版。

13. 李春燕："欧洲良好行政行为法（译文）"，载《行政法学研究》2007 年第 3 期。

二、法国行政法

1. 布朗·L.、贝尔·J.：《法国行政法》，高秦伟、王锴译，中国人民大学出版社 2006 年版。

2. 王名扬：《法国行政法》，中国政法大学出版社 1988 年版。

3. 里韦罗·J.、瓦利纳·J.：《法国行政法》，鲁仁译，商务印书馆 2008 年版。

4. 佩泽尔：《法国行政法》，廖坤明、周洁译，国家行政学院出版社 2002 年版。

5. 赵宝云：《西方五国宪法通论》，中国人民公安大学出版社 1994 年版。

三、德国行政法

1. 迈耶·O.：《德国行政法》，刘飞译，商务印书馆 2002 年版。

2. 毛雷尔·H.：《行政法学总论》，高家伟译，法律出版社 2000 版。

3. 沃尔夫·H.J.、巴霍夫·O.、施托贝尔·R.：《行政法Ⅲ》，商务印书馆 2002 年版。

4. G. 平特纳：《德国普通行政法》，朱琳译，中国政法大学出版社 1999 年版。

5. 赛夫·M.P.：《德国行政法：普通法的分析》，周伟译，五南图书出版公司 1991 年版。

6. 于安：《德国行政法》，清华大学出版社 1999 年版。

7. 刘兆兴等：《德国行政法与中国的比较》，世界知识出版社 2000 年版。

8. 陈新民：《公法学札记》，中国政法大学出版社 2001 年版。

9. 陈新民：《德国公法学基础理论》，山东人民出版社 2001 年版。

10. 胡芬·F.：《行政诉讼法》，莫光华译，法律出版社 2003 年版。

四、英国行政法

1. 莱兰·P.、安东尼·G.：《英国行政法教科书》，杨伟东译，北京大学出版社 2007 年版。

2. 韦德·W.：《行政法》，楚建译，中国大百科全书出版社 1997 年版。

3. 张越：《英国行政法》，中国政法大学出版社 2004 年版。

4. 王名扬：《英国行政法》，中国政法大学出版社 1997 年版。

5. Craig, Paul, *Administative Law*, 4th ed., London：Sweet&Maxwell, 1999.

五、美国行政法

1. 斯蒂芬·G. 布雷耶等：《行政法：难点与案例（英文影印版）》，中信出版社 2003 年版。

2. 施瓦茨·B.：《行政法》，徐炳译，群众出版社 1986 年版。

3. 王名扬：《美国行政法》，中国法制出版社 1999 年版。

4. 卡恩·S.J.：《行政法：原理与案例》，张梦中等译，中山大学出版社 2004 年版。

5. 费勒斯·J.W.、凯特尔·D.F.：《行政过程的政治：公共行政学新论》，中国人民大学出版社 2002 年版。

6. 巴伦·J.、迪恩斯·T.：《美国宪法概论》，刘瑞祥等译，中国社会科学出版社 1995 年版。

7. 卡尔威因、帕尔德森：《美国宪法释义》，徐卫东、吴新平译，华夏出版社 1989 年版。

8. 刘建军：《行政调查正当程序研究》，山东大学出版社 2010 年版。

六、日本行政法

1. 藤田宙靖：《日本行政法入门》，杨桐译，中国法制出版社 2012 年版。

2. 盐野宏：《行政法》，杨建顺译，法律出版社 1999 年版。

3. 杨建顺：《日本行政法通论》，中国法制出版社 1998 年版。

4. ［日］室井力，芝池义一、浜川清编著：《日本行政程序法逐条注释》，朱芒译，上海三联书店 2009 年版。

5. 吴东镐、徐炳煊：《日本行政法》，中国政法大学出版社 2011 年版。

6. 和田英夫：《现代行政法》，倪健民、潘世圣译，中国广播电视出版社 1993 年版。

7. 南博方：《日本行政法》，杨建顺译，中国人民大学出版社 2009 年版。

8. 室井力：《日本现代行政法学》，吴微译，中国政法大学出版社 1995 年版。

9. 江利红：《日本行政法学基础理论》，知识产权出版社 2008 年版。

10. 西冈等：《现代行政法概论》，康树华译，甘肃人民出版社 1990 年版。

11. 美浓部达吉：《行政裁判法》，邓定人译，中国政法大学出版社 2005 年版。

12. 宇贺克也：《国家补偿法》，肖军译，中国政法大学出版社 2014 年版。

13. 宫泽俊义：《日本国宪法精解》，卢部信喜补订，董璠舆译，中国民主法制出版社 1990 年版。

14. 阿部照哉等：《宪法（上册）：总论篇、统治机构篇》，周宗宪译，许志雄审订，中国政法大学出版社 2006 年版。

15. 芦部信喜：《宪法》，高桥和之增订，林来梵、凌维慈，龙绚丽译，北京大学出版社 2006 年版。

七、韩国行政法

金东熙：《行政法Ⅰ，Ⅱ》，赵峰译，中国人民大学出版社 2008 年版。

八、中国台湾地区行政法

1. 翁岳生：《行政法 2000》，中国法制出版社 2002 年版。

2. 陈敏：《行政法总论》，新学林出版有限公司 2011 年版。

3. 陈新民：《行政法学总论》，三民书局 1997 年版。

4. 吴庚：《行政法之理论与实用》，三民书局 1995 年版。

5. 陈慈阳：《宪法学》，元照出版有限公司 2004 年版。

6. 台湾行政法学会：《行政法争议问题研究（上、下）》，五南图书出版公司 2000 年版。

7. 法治斌、董保城：《宪法新论》，元照出版有限公司 2004 年版。

8. 吴庚：《宪法的解释与适用》，三民书局 2004 年版。

致　谢

　　《比较行政法》教材的撰写和出版要感谢山东政法学院自编教材出版计划的支持和负责该出版计划的各位老师的襄助和督促。

　　教材的撰写得益于著者自 2010 年起在山东政法学院为法学本科生开设的《比较行政法》选修课程和自 2013 年起为法律硕士研究生讲授的《行政法专题》必修课程；感谢选修《比较行政法》课程的陈地苏等同学的交流与建议。

　　访学期间，美国杨百翰大学法学院的杜教授（W. Cole Durham, Jr.）和沙教授（Brett G. Scharffs）以及加拿大女王大学法学院的考教授（Arthur J. Cockfield）解答了著者关于英美行政法中的部分疑惑；同时，旁听女王大学法学院瓦教授（Mark Walters）的《行政法》（Administrative Law）课程并与其交流加中行政法差异也让著者受益匪浅。

　　参加北京大学法学院宪法与行政法研究中心的张千帆教授组织的"世界宪政暑期讲习班"（第四、五届），特别是与前来授课的英国牛津大学法学院克教授（Paul Craig）等讲员们的沟通交流，扩展了著者的公法学学术视野、加深了著者的学术认识，获益良多。

　　感谢清华大学博士后李松锋博士——相识于美国杨百翰大学访学期间——向著者惠赠了美国行政法案例书，该书也构成了教材中部分案例的来源。

　　山东政法学院法学院的各位领导和行政法教研室以及行政诉讼法教研室同仁们在著者访学、教材撰写等过程中，在课程安排等方面给予了方便和可贵帮助，在此一并致谢。

　　最后，最不能忘记的是家人的理解、支持和鞭策。

刘建军
2015 年 7 月